終止符のない人生

反田恭平

幻冬舎文庫

終止符のない人生

序章　冠を獲りに行く

ショパン国際ピアノコンクール。

19世紀前半に生きた伝説の至宝フレデリック・ショパンの名を冠したこのコンクールは、5年に一度しか開かれない。オリンピックよりも稀《まれ》にしか訪れないこのコンクールのチャンスは、新型コロナウイルス感染症の影響によって1年延期された。

「ひょっとすると、コロナのせいでコンクールが突然中止されるのではないか」

不安が頭をもたげる中、DVD審査、予備予選、1次予選、2次予選、3次予選、と階段を一段ずつ上るように勝ち抜いた。

2021年10月18日、ショパンコンクールのファイナル（本選）を迎えた。53カ国から502人のピアニストがエントリーした中、ファイナルに進んだのはわずか12人。

幼いころから死ぬほどあこがれてきたステージに、僕はたしかに立っていた。

1次予選が始まってからファイナルまでの日程は、3週間弱の間に矢継ぎ早に組まれる。2021年10月4日に1次予選に出場し、10月10日には2次予選に出場した。10月14日に3次予選があり、ファイナルは10月18日という強行スケジュールだった。10月17日はショパンの命日だから、この日は完全オフになり、皆が喪に服す。

ファイナル前日の10月17日、4年前の記憶をしみじみ思い出した。ワルシャワ音楽院（現・フレデリック・ショパン音楽大学）でピオトル・パレチニ先生のレッスンを初めて受けた日は、偶然か運命か、まさに4年前の2017年10月17日。しかもこのとき先生の前で披露した曲は、ファイナルで弾いたショパンのピアノ協奏曲第1番だった。

レッスンが終わると、先生は「今日はショパンの命日だから、夜は教会に行くね」と言う。10月17日がポーランド人と音楽家にとってどれほど重要な日なのか、当時の僕は明確に意識していなかった。「そうか。今日がショパンの命日なのか」。その瞬間から「10月17日」という日付は僕にとって特別なものとなった。

ショパンコンクールに応募したときの僕のエントリーナンバーは、64番だ。

「51年前、僕がショパンコンクールで3位に入賞したときもエントリーナンバーが64番だったんだよ。何か不思議な縁を感じるね」

偶然の一致としては出来すぎではないかとさえ思った。ピオトル・パレチニ先生は、笑いながら僕をコンクールのファイナルに送り出してくださった。コンクールの会場にいる先生に、僕が奏でるショパンのピアノ協奏曲第1番を聴いていただきたい。一心不乱でピアノを弾いた。

僕はピアニストでありながら、指揮者を志している。ショパンコンクールのファイナルでは、弦楽器、金管楽器、木管楽器、打楽器の奏者が一堂に会する。ショパンが書き記したスコア（総譜）の全パートが、ファイナルのステージではワルシャワ国立フィルハーモニー管弦楽団によって演奏される。

どのパートの演奏者が、どういうタイミングで音を飛ばしてくるのか。本番の途中、演奏者の誰か一人がミスやアクシデントを引き起こす可能性もある。何があろうが、本番中にカバーできる絶対的な自信があった。虫眼鏡で観察するようにスコアを徹底的に読みこみ、本番中の一音一音を一つも聴き漏らさないまで集中をしていた。

「ああ、自分はなんと幸せ者なのか。ショパンに出会えたおかげで、僕の人生はこんなにも豊かになった。ピアノをやっていて本当に良かった」

ステージでピアノを弾きながら、全身の細胞が歓びに打ち震えた。僕の夢のような40分間が終わった。

音楽と初めて出会ってから20年以上が経過した今、人生で最も満足のいく演奏ができている。1分1秒の瞬間瞬間に、永遠が凝縮されているかのような濃密な時間だった。尊敬するショパンが書き遺してくれた譜面に没入し、今僕はショパンと同じ時間を生き、ショパンと融け合っている。

恍惚と陶酔の輝きに身を浸し、全身全霊でピアノ協奏曲第1番を弾き切った。

僕が追い求めていたショパンが、今ステージ上に姿を現した。あの瞬間、僕は饒舌が過ぎるほどにショパンと対話していたのかもしれない。

目次

第3章　人生を変えるショパンコンクール——85

第1章——ピアニスト反田恭平誕生

反田恭平が死んだ日

1994年9月1日、僕は札幌市で誕生した。

へその緒が二重三重にからまり合い、逆子がさらに逆子にひっくり返ったような胎児だったらしい。母子ともに危険な状態だったため、医師の判断によって急遽、緊急帝王切開の手術を受けて生まれてきた。一度は心肺停止状態に陥った。

「ピーッ！」

病室に心電図モニターのアラームが鳴り響く。あのとき僕は一度死んであの世へ逝き、そして生まれ戻ってきたのだ。

父は東京生まれの転勤族だった。父が札幌に赴任したとき母と出会って、やがて僕が生まれる。生後すぐに栃木県に転勤して数カ月暮らし、さらに転勤して幼稚園の年中まで名古屋で暮らした。

名古屋にいた3歳のとき、当時暮らしていた名古屋の社宅に1枚のチラシが投げこまれた。ヤマハ音楽教室のチラシだ。仲が良かった子が「ここに通ってみたい」と興味をもち、ママ友の間で「ウチの子も通わせてみよう」と盛り上がったそうだ。

ママ友つながりで、とりあえず体験レッスンを受けてみることにした。「ドレミファソ～ラファ　ミ・レ・ド～♪　ソ～ファミ・ソ・ファ・ミ・レ♪（声を小さくして）ソ～ファミ・ソ・ファ・ミ・レ♪」というヤマハ音楽教室のテレビCMを観たことがある読者もいるだろう。体験レッスンのとき、このような音当てクイズをやった。

リズムや音を聴いたとき、自然に体が反応するよう促す音楽教育をリトミック（フランス語の rythmique）と呼ぶ。ダルクローズ（スイスの音楽教育家）が考えた教育技法だ。リトミックの初歩段階である音当てクイズで、僕はおもしろいほど正解を出しまくった。

当時の僕は、音符の読み方なんて全然わからないし、ピアノもエレクトーンも触ったことがない。

半年ほど経ったころ、幼稚園の年中に上がるタイミングで東京への転勤が決まった。

ヤマハ音楽教室の先生は母にこう言ったそうだ。

「この子はとんでもなく耳が良すぎます。東京に行ってからも、ピアノでもヴァイオリンでも必ず何か音楽を続けてくださいね。この子はきっと伸びますから」

……実は、僕はずっと、目隠しをした手の隙間から、ズルをして先生が鍵盤を弾く指先を盗み見ていただけだった。

一音会ミュージックスクールで出会った「芸能人？先生」

4歳のときに名古屋から東京に引っ越すと、11歳まで「一音会ミュージックスクール」に通った。ここは子どもの絶対音感を鍛える教室だ。一音会には、子どもとは思えないほどピアノを華麗に弾きこなす生徒が大勢いた。小学2年生なのに、ショパンの「幻想即興曲」を弾く子がいたことを覚えている。

先生がピアノの鍵盤を弾くのを聴いて、どの音か当てるよう言われた。音当てクイズはズルをしていたので名古屋にいたころから得意だった。それから間《ま》もない日、ズルをしなくても難なくすべての音が分かるようになっていた。今までズルをしなければ分からないと思っていたが、そんなことはなかった。誰からも何も教わっていないのに、白い鍵盤（ドレミファソラシド）のどこを鳴らしたのかすぐ分かる。黒い鍵盤の音も分かった。「ラのシャープ」「ミのフラット」と半音を当てることもできたし、コードも不協和音も耳コピーで再現できた。気づけば同時に11音鳴らされても、下から順に当てていくことができた。

耳に入ってきた音をそのまま再現できるのは、子どものころから当たり前だと思っていた。でもそれは当たり前ではなかったのだ。僕と同時期にピアノを習い始めた母は、音当てクイズがうまくできなかった。大人もそうだし、まして小さな子どもが誰でもいきなり音を当てられるわけがない。そのとき「あれ、ボクってまわりの子とちょっと違うのかもしれないな」と気づいた。

当時の一音会はマンモス校であり、何千人という生徒が絶対音感を学んでいた。音当てクイズから始まるリトミックをやるだけでなく、オペレッタ（小さなオペラ、小歌劇）の実演も取り入れていた。「裸の王様」や「白雪姫」を、ミュージカル調で子どもたちが実演するのだ。僕は目立ちたがり屋だったから、自分から手を挙げて「やらせて！　やらせて！」と立候補した。ステージに出ることには、恐怖心も羞恥心もまったくなかった。

一音会での最初のレッスンは、リトミックやオペレッタがメインだった。ピアノは副科だ。2週間に一回、30分だけピアノを習い始めた。初めてピアノを教えてくれた木下尚之先生は、日本テレビのバラエティ番組に出ていたタレントのなすびにそっくりだった。バラエティ番組で名を馳せたなすびは、NHK教育テレビ（現・Eテレ）の「天才てれびくん」という番組で司会を務めていた。この番組が大好きだった僕は、木下先生に会った瞬間「なすびだ！　なすびはピアノを弾けたのか」とビックリした。髭モジャの木下先生を本物のなすびだと思いこんだ僕は「なすびが先生じゃなかったらピアノを習いに行かない」「なすびじゃなきゃ嫌だ」と駄々をこねた。

幼少期のピアノレッスンは厳しく指導する先生もいるそうだ。しかし木下先生の教え方は、子どもに無理やり音楽を押しつけるスパルタ教育とはおよそかけ離れていた。文字どおり「音を楽しむ」ことを、親身になって教えてくれた。あのとき促成栽培の英才教育なんて受けていたら、4歳の段階で音楽が大嫌いになってしまったかもしれない。木下先生がいてくれたおかげで今の僕があるのだ。

2週間に一回だった30分のレッスンは、しょうもないきっかけによって毎週一回に増えた。地元の夏まつりで射的を当てると、オモチャやバルーンアートが景品としてもらえる。「あれをやらせてくれたらレッスンに毎週通ってもいい」と言って母と交渉したのだ。

練習時間が増えるにつれて、ショパンのエチュード（練習曲）や「幻想即興曲」を弾けるようになった。11歳になったころ、木下先生がこう言った。

「恭ちゃんに教えられることは、もうすべて教えた。20代の僕が知っているすべてを教えたよ。今の恭ちゃんは僕よりもピアノがうまいと思う。これからは僕じゃなくて、もっといい先生から本格的にピアノを習ったほうがいい」

一音会を卒業し、桐朋学園大学音楽学部附属「子供のための音楽教室」に移ることにした。

趣味がピアノで本業がサッカー

記憶には残っていないのだが、僕は2歳のときからサッカーに興味をもってボールを追いかけ始めたらしい。東京で通っていた幼稚園にはサッカーチームがあった。卒園生の中には、のちにユース部門のサッカー日本代表に選ばれた選手もいる。小学校時代に入っていたサッカーチームにも、うまい子がたくさんいた。

生まれつき左利きであることが好条件となった。左利きの選手を配置すると良いポジションがいくつかあって、チームのみんなは右利きが大半だから、レギュラーとして試合に出られる確率が高まるのだ。フォワードやミッドフィルダーのポジションを指名され、点を取ることに夢中になった。

平日は放課後にサッカーをやり、土日はサッカーの練習や試合で手いっぱいだ。だからピアノはせいぜい1日1時間しか練習できなかった。将来ピアニストになりたいなんて全然思っておらず、サッカーさえできれば最高の毎日だった。

ところが11歳のとき、僕の人生を塗り替える大事件が起きる。敵チームの激しいプレッシャーを一人かわしたと思ったら、二人同時にタックルをかけて体の上に乗っかってきたのだ。耳元でボキボキ！　という音が聞こえた。興奮して、脳内でドーパミンとアドレナリンが噴出していたのだろう。痛みなんて全然感じない。点を取ることしか考えていないから、すぐに立ち上がってプレイを再開しようとした。

「ここは当然フリーキックだよね」と思い、審判に向かって手を上げた瞬間、全然力が入らない。「あれ、おかしいな」と思ったら、審判が「それ、折れてないか⁉　すぐ救急車呼んで！」とあわてた様子で119番通報の指示を出す。右手首を骨折した僕は救急搬送された。

とりあえず応急処置を受けて、次の日に接骨してもらった。あのときの激痛は忘れられない。外科医師は「鼻のほうが腕よりずっと痛いぞ」と脅す。ちょうどそのころ、日韓ワールドカップ（2002年）の開幕前に宮本恒靖選手が鼻を骨折し、顔面を保護するためにバットマンのようなフェイスガードをつけていた。

「宮本選手はこれより痛い思いをして試合に臨んでいるのか。こんな痛い職業はオレには無理だな」と、痛切に感じた。

右手首の骨折をきっかけに、サッカー選手になる夢はきっぱりと断念した。

音楽とは無縁だった反田ファミリー

反田家にはピアニストもヴァイオリニストもいなければ、プロの音楽家や音楽教師として活躍している親戚も一人もいない。2歳から11歳までサッカーに夢中だったわけだし、音楽の早期教育とはまったく縁がなかった。母はスティーヴィー・ワンダーが大好きで、自宅ではよく洋楽が流れていた。小さいころ僕が触れた音楽はそれくらいだ。

母は僕と一緒にピアノを習い始めたが、父は音楽にはまったく関心がなかった。あるときショパンを弾いていたら、父が「なんだ、この汚い曲は！」と怒鳴ったことがある。父の耳には、ちょっとした不協和音が混じりこむだけで「汚い」と聴こえるらしい。

父はサッカーにも興味がなく、完全な野球派だった。一度だけ「一緒にキャッチボールをやろう」と言われたことがある。右利き用のグローブを強引に右手にハメて、左手でボールを放った。あさっての方向にボールが飛んでいき、「お前は野球の才能がないな。帰るぞ」と父は言った。キャッチボールはわずか10分で終わった。それ以来、父とは一度もキャッチボールをやっていない。

小さいころ自宅でピアノの練習をしていると、プロ野球中継を大音量で流して妨害された。

「近隣に迷惑がかかる。お前の演奏を誰が聞くもんか」

我が家は住宅街にあったから、午後8時以降ピアノを弾くのは父が認めてくれなかった。午後5時に学校から帰ってきて6時までに夕飯を食べて、テレビを観たりゴロゴロするうちに午後7時になる。必然的に、自宅での練習時間はせいぜい1時間しか捻出できなかった。しかもカートゥーンネットワークやアニマックス（ケーブルテレビのアニメ専門チャンネル）を観ながら、「ドレミファソラシド」とスケールを練習しているフリをするだけ。受験勉強をやるフリをしながら、マンガをコッソリ読むようなものだ。練習態度はおよそ不真面目だった。

入学保留扱いという最底辺からのスタート

「本業はサッカー」「ピアノは趣味」という状態で育った僕は、骨折を機に桐朋学園の音楽教室に入ろうと決めた。なぜ桐朋学園なのか。家から自転車で行ける距離であることだけが、唯一の理由だ。

一音会でピアノを教えてくれたなすび先生は「好きなように弾いてごらん」と言って、いつも優しく接してくれた。その優しさに呼応するように、なすび先生に褒められたいと思って、新しい曲を譜読みしてどんどんレパートリーが増えていった。ショパンのエチュードにしてもリストにしても、子どもの趣味とは言えないくらいのレベルまでは弾けていたと思う。ただしあくまでも趣味だから、音楽の基礎をまったく知らない状態だった。「フレンチのシェフになりたい」と言っている人が料理を出す順番すら知らず、前菜の前にいきなりメインディッシュをドン！　と出すようなものだ。

桐朋学園大学音楽学部附属「子供のための音楽教室」は、1948年に開設された。小澤征爾さんや中村紘子さんが1期生だ。創設以来、僕は史上初めて「入学保留扱い」にされた。

「これから楽典の試験をやります」と言われて試験を受けたら、300点満点中わずか18点というとんでもない成績だった。ト音記号はどうやって書くのか。ドからソは音が何度上がるのか。音程や拍子の取り方なども知らない。西洋音楽の基本をまとめた「楽典」の存在も知らなかったし、そもそもそんな学問があることすら初耳だった。

パッと出された楽譜を見てその場で歌う「新曲視唱」、音符の書き取りなどソルフェージュの実技もあった。後に高校時代の恩師となる川島伸達先生（現・桐朋学園大学名誉教授）が、桐朋学園の音楽教室の室長だった。面接で「今まで何をやってきましたか」と訊かれたので、ドヤ顔で「作曲してました」と答えた。すると「ト音記号も書けないのに、あなたはどうやって作曲したのですか」と返された。

「あなたに勉強の期間を与えます。これから3カ月間、楽典理論を勉強してもう一回試験を受けてください。再試験で合格すれば、あなたは正式に入学できます」。川島先生からそう言い渡された。

それから3カ月間、まったく知らなかった楽典を猛勉強した。勉強を始めたら、自分は音楽の勉強が心から大好きだということにすぐ気づいた。国語も算数も社会も不得意ではなかったし、成績はそこそこ良かった。だが、楽典はほかの教科とは比較にならないほどおもしろく、夢中になってたちまちのめりこんでしまった。

3カ月後に再試験を受けると、300点満点で18点だった成績が260点か270点ほどもアップした。TOEICの試験で2ケタ台だった人間が、3カ月後にいきなり英語ペラペラになったようなものだ。

こうして11歳のとき、僕は桐朋学園の音楽教室に正式に入学を認められた。

この音楽教室には、生徒が100人ほどいた。実技を含めて成績が3位までの優秀者には、ホールでピアノを弾く権利が与えられる。練習室で弾くのとホールで弾くのとでは、感覚はまったく異なる。なんとかして上位3位に入り、ホールでピアノを弾いてみたいと思った。

それまでの僕は、趣味として好き勝手にピアノを弾くだけの人間だった。桐朋学園の音楽教室に入った瞬間、自分がそこそこの底辺層であることを嫌というほど思い知った。今すぐ15~20曲はマスターしないと、まわりの同級生にとても追いつけない。

しかもこの音楽教室には、7歳のときにピアノコンチェルト（オーケストラとの共演）デビューを果たし、9歳にしてニューヨーク・カーネギーホールの舞台を踏んだ小林愛実《あいみ》がいた。彼女をはじめ同世代のライバルたちの背中を追う苦闘の数年間の始まりだった。

「題名のない音楽会」で指揮者デビュー

サッカーから音楽にいきなりシフトチェンジした理由は、右手首の骨折以外にもう一つある。オーケストラの指揮者へのあこがれだ。

桐朋学園の音楽教室に通い始めて間もなく、「子どものための指揮者のワークショップ」というビラをたまたま目にした。夏休みの期間中、指揮者の曽我大介先生のワークショップを受けられるのだ。

当時の僕は、ケガで挫折したサッカーへの思いをズルズル引きずっていた。「なんで自分がこんなワークショップに行かなければいけないのか」と反骨心を抱きつつも、夏休みを丸ごとつぶして楽譜の読み方を必死で勉強した。ワークショップの最終回で大チャンスが回ってきた。プロのフルオーケストラ（東京ニューシティ管弦楽団・当時）の前で、実際に指揮棒を振れるというのだ。

ブラームスの「ハンガリー舞曲」、モーツァルトのセレナード「アイネ・クライネ・ナハトムジーク」は誰でも聴いたことがある有名な曲だから、ほかの生徒はそっちを振りたがる。チャイコフスキー「白鳥の湖」の「チャルダッシュ」（ハンガリーの民族舞踊）という課題曲は、子どもたちの間では全然有名ではないし、大人っぽい曲調なので人気がなかった。「チャルダッシュ」だけ枠が余っていたので、これ幸いと「僕がやります」と言って指揮棒を振った。

あのときの衝撃と感動は忘れられない。指揮台に立ったときの重圧と張りつめた緊張感、そして指揮棒を構えて合図を出した瞬間、金管楽器がウワッ！　と鳴ってものすごい音圧が全身にぶつかってくる。心の中に風がビュッ！　と吹いた瞬間だった。客席で音楽を聴く音圧と、指揮者の立ち位置でぶつかる音圧は質も量も全然違った。

音楽とは、なんときらびやかで艶やかで豊穣なのか。もしかしたらこの一振りによって、自分は世界中の人々の心を感動させられるかもしれない。

あの瞬間から、僕の見える世界はガラリと変わった。12歳の夏、「自分はこの世界で生きていこう」と肚《はら》が決まった。ピアニストではなく、指揮者になりたいと強烈に思ったのだ。

ワークショップが終わったあと、曽我大介先生のもとに鼻息を荒くしながらにじり寄った。

「どうすれば僕は先生のような指揮者になれますか?」

そんな僕の質問に曽我先生は、「指揮者になりたいのなら、まずは楽器を一つ極めなさい。君はピアノは弾いているの?」と返してくれた。

「はい、弾いています。ピアノは好きです」

「それなら、まずはピアノを極めることだね。もし、ピアノを極めることができれば、きっとピアノが指揮者になる道を広げてくれるから、指揮者になるのはそれからだよ」

あのとき、真剣に返事をしてくれた曽我先生の言葉は今でも僕の胸に刻まれている。

翌年、中学1年生の6月に再び大チャンスがめぐってきた。「題名のない音楽会」

（テレビ朝日）の「振ってみまSHOW！」という視聴者参加企画に母が応募し、東京シティ・フィルハーモニック管弦楽団を指揮したのだ。コミックス「のだめカンタービレ」は、母の勧めで小学生時代に愛読していた。ドラマ版「のだめカンタービレ」のメインテーマであるベートーヴェン「交響曲第7番」の最終楽章を、テレビカメラが回る前で振った。

このときの感動も強烈だった。自分はクラシックが好きで好きでたまらない。将来このステージで指揮棒を振りたい。曽我先生からいただいたCDを目に入るところにいつも置き、「絶対にあきらめないぞ。オレは将来指揮者になるんだ」と決めた。小6と中1のときに指揮棒を振った経験がなければ、中学校時代の3年間、厳しく過酷な練習にとても耐えられなかっただろう。

ピアニストの自分と等身大の自分

中学生時代は曽我先生との出会いもあって、ピアノに向き合う時間が増えていった。だが、ピアノに真剣に向き合いながらも、友人との遊びや学校生活も真剣だった。

中途半端というものが嫌いで、「この日はピアノをやる」「この日は友だちと思いっきり遊ぶ」、そう決めて、スイッチを切り替えるように、目の前のことに全力で向き合った。

ヤンキー漫画や映画に感化された時代だからか、学校生活はまわりにヤンチャな友人が多かった。校内で喧嘩が起きて先生に怒られることもあったが、先生方も僕たちと正面から向き合ってくれた。

学校行事は積極的に取り組み、特に合唱コンクールでは指揮者としてクラスを盛り上げた。僕がピアノを弾いているのはクラスのみんなが知っていることで、合唱コンクールでは特に気合いが入った。僕の通った中学校の合唱コンクールではクラスの順位とは別に各学年で1名、指揮者賞という賞をもらえる制度があった。フルオーケストラの前で指揮をしたこともある僕は、正直に言って他の生徒よりも指揮がうまい自覚があった。クラスの友人たちも僕が指揮者賞を獲るだろうと当たり前のように思っていた。

しかし、どういうわけか1年生、2年生と指揮者賞をもらうことができなかった。

2年生の発表の際には、友人たちが我がことのように怒ってくれて、先生に詰め寄るなんていうこともあった。

あとになって、担任だった先生から指揮者賞をもらえなかったことについて話を聞くと、「あのときの君に指揮者賞をあげていたら、音楽を学ぶ人間として、天狗になってしまうと思った。もちろん、他の誰よりも指揮を振れているし、音楽を深く知っていることを僕は分かっているからこそ、学校の賞で天狗になってほしくはなかった。だから、最後の最後まであげなかったんだ」。

中学生最後の合唱コンクールでも僕は指揮者として参加した。そして、ついに指揮者賞を手にし、友人たちも一緒になって喜んでくれた。先生方からも音楽の道へ進む僕の背中を押されたような気がした。

中学時代の友人とのつきあいや先生方との時間は、その後のピアニストとしての活動の支えになっている。

コンクール1位の賞状で音楽反対の父を説き伏せる

中学に入ってから必死で練習をし始めたら、中２になるころにはピアノが明らかに上達していった。サッカーをやる時間がゴッソリなくなり、その時間をピアノに充てられるようになったからだ。電子ピアノを買ってもらっていたおかげで、夜8時以降に練習できる環境が整ったのも大きかった。

当時僕がもっていた電子ピアノは、シンセサイザーのように300種類くらいの音を出せた。弦楽器、金管楽器、木管楽器、パーカッション（打楽器）などオーケストラで使う楽器だけでなく、ドラムセットや拍手、人の歓声などさまざまな音が鳴った。

バッハの曲を練習するとき、合唱の声と合わせるとイメージがつきやすい。録音した自分の演奏を流しながらピアノを弾き、一人でオーケストラごっこをやるのも楽しかった。1日1時間だった練習時間は、いつしか1日3時間まで延びていた。

コンクールで上位に入賞する猛者《もさ》は、授業がない夏休みには毎日8〜9時間も練習するのが当たり前だ。1日12時間も練習する者もいた。そういう人に比べると、僕の練習時間は圧倒的に短かった。ヤンチャ盛りの中学生だから、友だちと外で遊ぶ時間も大切にしていたのだ。

中学3年生になると、進路を選択しなければならない。ピアノを極めたあと指揮者になるという願望は、まだ変わっていなかった。普通科の高校に進学する理由なんて、何一つない。音楽科の高校に進む以外に選択肢はなかった。だが音楽にまったく興味がない父からは、言下に反対され、こう宣告された。

「コンクールで1位を取ってきたら、音楽学校への入学を認めてやる。でもピアノをやるのは高校生の間だけだからな」

　ここで機転を利かせた。父はどういうコンクールが日本で一番すごいのか知らない。だったらトップのコンクールをいきなり目指すのではなく、今からでも応募が間に合う中規模のコンクールで賞を取ればいいと思った。中学2年生のクリスマスのころ、父に一つめの賞状を提出した。結果は最高位だ。父はすかさず痛いところをついてきた。

「なんだこれは。1位じゃないじゃないか」

　僕は金賞を勝ち取りはしたが、「1位」という文字は賞状にはなかった。それから数カ月間、さらに三つのコンクールに出場した。これらのコンクールでは1位、2位と明確に順位が決まる。三つのコンクールすべてで最高位の1位を獲得し、3枚の賞状を父親に提出した。

「お父さんの言うとおり、コンクールで1位を取りました。音楽学校に行かせてください!!」

ドラマ「半沢直樹」の大和田常務ばりに、人生で初めて渾身の土下座をした。こうして僕は、桐朋女子高等学校音楽科（男女共学）への進学を父から認められたのだ。

金髪にサングラス、ビーチサンダルで通った音楽学校時代

中学校までは校則があったものの、高校には厳しい校則がないことがわかった。そこで髪の毛を金髪に染めた。「のだめカンタービレ」に出てくる峰龍太郎（コンサートマスター）も金髪だし（ヤンキー映画やマンガにハマッていたこともある）、自分もそれでいこうと思った。入学して1週間ほど経って、金髪にビーチサンダルで高校に通い始めた。入学早々、音楽学校の中でかなり浮いているのを同級生の痛々しいモノを見る視線で実感した。

桐朋は一貫教育の私立学校であり、中学校も高校も大学も同じ敷地内にある。「そのチェロ、何億円ですか?」というすごい楽器をもっている人がいたり、とんでもないお金持ちセレブも多い。女の子から「相談があるからカフェに行かない?」と誘わ

れて出かけたら、その子が「このへんにあるの、全部ウチのパパのお店なんだ」と言う。自分とは住む世界が違いすぎる。世の中にはこんなに裕福な人がいるのかと感心した。

見た目はデタラメだったが、人間の中身まで腐っていたわけではない。僕はもともと、誰からの指示も受けず好きなことだけをやって生きていきたい人間だ。でもそういう我がままな生き方では、音楽家としての未来はないと思った。

今までのようなピアノとの向き合い方ではいけない。高校時代の3年間くらいは、人から束縛されながらでも音楽を学ぶべきではないか。桐朋学園大学音楽学部附属「子供のための音楽教室」でご縁があった川島伸達先生は学校の中でもピアノの指導に定評のある先生だった。川島先生から徹底的にピアノを教えてもらいたい。ピアノの腕を上げるだけでなく、自分は人間的に大きくなる必要があるのだ。そこで川島先生にお願いしに行った。

「お願いします。僕を川島先生の門下生にしてください」

すると、川島先生は快く受け入れてくださった。入門するときは頭を下げて平身低頭だったのに、教え子としての僕の態度は最悪だった。先輩であろうが先生であろうが、誰に対しても平気でタメ口をきく。敬語の使い方なんてまるで知らない。川島先生のもとへレッスンに出かけるときは、覚悟とは裏腹に、未だビーチサンダルに半ズボン、金髪にサングラスという出で立ちだった。完全に悪ガキが虫採りに出かける格好だ。

僕の態度を見兼ねた川島先生から「どうせなら、スーツと革靴にしてみたらどうか？　そのほうが君に似合ってるよ」と勧められたので、銀色のスーツを買った。銀色のスーツに金髪、サングラスという格好になったので、よりいっそうガラが悪くなった。

遊びたい盛りでピアノの練習に没頭する中、「なんで自分はこんなに一生懸命ピアノを練習しているんだろう」「ピアノなんてクソ喰らえ」と思ったこともある。部屋の壁にパンチして穴を空けたこともあった。服装も生き方も、誰にも縛られたくない。ただただ自由に生きたかった。そんな反抗期の僕を、川島先生は温かく包容しながら一歩一歩着実に育ててくれた。

川島先生は教室の窓から外を眺めながら、よくこうおっしゃった。

「君はまだ若い。これからいろいろ失敗すると思うし、道を外すことも多いと思う。

そんなとき、先生は君が踏み外した道を直してあげよう。だから今のうちに、盛大に華々しく道を外しなさい。だけど僕が忠告したときには、ちゃんとそれを聞くんだよ」

ソウルとニューヨーク・ジュリアード音楽院での特別レッスン

高校3年生だった2012年、音楽家の登竜門である日本音楽コンクール（主催＝毎日新聞社、ＮＨＫ）に出場することになった。日本音楽コンクールの1次予選は、偶然にも僕の誕生日である9月1日に行われた。その直前の夏休みに、川島伸達先生がソウルへの海外遠征に連れていってくださった。

「コンクールに出るなら、桐朋学園の看板を背負う覚悟で優勝してほしい。優勝するつもりなら、あなたを海外のレッスンに連れていきたい。行きますか？」と先生から言われた。

当然、「行きます」と僕は即答した。韓国人のチュンモ・カン先生は、30代の若さでニューヨーク・ジュリアード音楽院の教授に就任した天才だ。川島先生はチュンモ・カン先生にアポイントを取り、ソウル芸術大学で2週間のプライベートレッスンを受けさせてくださった。

ソウルに遠征していた2週間、僕は1ウォンもお金を使っていない。韓国への飛行機代、ホテル代、食事代、すべてを川島先生がポケットマネーで支払ってくださった。

予選を次々と勝ち抜き、3次予選も突破して1カ月後のファイナル出場にまでたどり着いた。その年からラフマニノフの「ピアノ協奏曲第3番」が課題曲に加わった。

「ラフマニノフをどうしても弾きたい」と言うと大反対された。そこで川島先生には「ファイナルではショパンを弾きます」とウソをつき、書類はラフマニノフにチェックを入れておいた。

3次予選が終わったあとに川島先生から、「ところで君、ファイナルのコンチェルト（協奏曲）は何を弾くんだっけ。たしかショパンだよね」と言われ、僕は、

「すみません。実はラフマニノフを選んでしまいました」

と返した。

川島先生がイスから転げ落ちた。

「ラフマニノフのピアノ協奏曲第3番なんて、僕は弾いたことがないから教えられな

いよ！　専門外だ！」

あわてた川島先生は、再びアメリカのチュンモ・カン先生に連絡を取った。

「2週間くらいアメリカに行くけど大丈夫？」

3日後、僕はニューヨークに渡った。ソウルでのプライベートレッスンに続いて、ジュリアード音楽院で個人レッスンを受けることになったのだ。このときもすべての費用を川島先生がポケットマネーで支払ってくれた。川島先生はアメリカ留学の経験があるから、英語が堪能だ。レッスンを通訳するだけでなく、食事を頼むときもずっと帯同してくださった。

詳しくは次章で記すが、初回のレッスンでは、チュンモ・カン先生からメチャクチャに怒られた。

「君、全然弾けてないいじゃないか！　なんでこんな状態でジュリアードに来たんだ！」

「すみません。昨日飛行機の中で譜読みしたんです」

するとチュンモ・カン先生の態度が豹変した。

「何⁉　昨日初めて譜読みしただって⁉　それでここまで弾けているのなら、むしろすごい。レッスンを続けようじゃないか」

川島先生のエスコートとチュンモ・カン先生の厳しくも素晴らしい特別レッスンのおかげで、ラフマニノフのピアノ協奏曲第3番を完全にマスターし、僕は日本音楽コンクールで男性の史上最年少1位に輝いた（ちなみにこのとき、東京藝術大学1年生だった務川《むかわ》慧悟《けいご》君が同率1位だった）。「音コン」で1位になったことが、世界へ飛び出す決定的な引き金となる（第2章で詳しく述べたい）。高いところから低いところへ水が流れるように、僕の人生の行き先は不思議なほど淀みなく決まっていったのだ。

彼女との永遠の別れ

あれは高校2年生の冬だったと記憶している。人生で初めてつきあった女の子と、高校の最寄り駅でバッタリ出会った。その子とつきあうことになったのは中学1年生だから、何をするでもない。二人で一緒に帰ったり、グループで遊ぶくらいの緩やかなつきあいだった。

中学を卒業してから久しぶりに会った彼女は大人っぽくて、とてもきれいになっていた。

「おお、久しぶり。元気……?」

元カレと元カノが路上で突然出くわし、淡い青春の思い出が一瞬頭をよぎる。「成人式でまた会おうね」などという会話を期待していたのに、話題はあまり展《ひろ》がっていかず、少しだけ言葉をかわして「じゃあね」と別れた。あれが彼女とかわした最後の言葉になってしまった。それから半年後、彼女はこの世から去ってしまったのだ。

地元の友だちと一緒に葬儀に参列し、亡骸を納めた棺をもった。あのとき両手に伝わってきた感触は忘れられない。衰弱してとても小さくなった彼女の体は、あまりにも軽すぎた。わずかな時間が経つ間に、人間はここまで変わってしまうものなのか。死なんてはるか遠く先に訪れる出来事だと思っていたのに、初めてそれをリアルに目の当たりにした。

棺を霊柩車まで運んで見送ったあと、友だちと川辺に座って長い時間話をした。悲しい出来事が起こったというのに、その日はとても天気が良く、青空がおそろしいほど突き抜けて美しかった。空を見上げたまま、問わず語りに語りかけた。

「オレたちは死なないでいような」

子どもは、よく悪ふざけで人に「死ね」と言う。あのとき以来、僕は人に向かって「死ね」とは絶対に言わなくなった。人間は簡単に死んではいけない。何があろうと一縷《いちる》の望みをかけて希望にすがりつき、生きて生きて生きまくるべきなのだ。涙が涸れ果てるまで号泣し、慟哭《どうこく》しながら、友だちと「オレたちはあの子の分まで長生きしような」と約束した。

あの日から、僕の中で何かが変わった。日常生活の一コマで、ちょっとした喜びを感じて微笑むことがある。友だちとケンカして落ちこんだりすることもある。それらすべての感情と経験は、余さず音楽に還元される。人生経験の引き出しが多ければ多いほど、音楽家が奏でる音色は豊かな彩りを増し、人々の心の襞《ひだ》に分け入って深く訴えかける。

たまらなく悲しい記憶、体が引きちぎられるほど苦しい経験もひっくるめて、ピアノを演奏するための滋養として自分の体内に取りこんでしまえばいい。若くして亡くなった彼女の無念を、全身全霊で一音に注ぎこもう。そのことが、亡くなった彼女への何よりの追善回向《ついぜんえこう》になる。川辺での語らいを通じて、僕はそう決心したのだ。

第2章——いざ、世界へ

「ロシアへ留学に来ないか?」

２０１２年10月28日、東京オペラシティで開かれた日本音楽コンクール（ピアノ部門）に出場し、ラフマニノフの「ピアノ協奏曲第３番」を演奏した。このコンクールで第１位を勝ち取ったことが、僕の人生を大きく転回させることになる。

ファイナル（本選）への出場が決まってからは学内オーケストラの本番とも重なり、忙《せわ》しない日々だった。第１章で述べたように、「ファイナルではショパンを弾きます」と川島先生にウソをつき、実際はラフマニノフを選択した結果、わずか２週間ほどで「ピアノ協奏曲第３番」を仕上げなければならなかった。

また、日本音楽コンクールとは別に、11月頭には桐朋学園の学園祭でミュージカル「Me And My Girl」に出演することにもなっていた。しかも、よりによって主役だ。

センターステージで歌を歌うだけでなく、セリフが120カ所もある。自分の将来を優先するのであれば、学園祭は手を抜き、コンクールに全集中するべきところだろう。でも僕は、ミュージカルもコンクールもどっちも妥協したくなかった。仲間をないがしろにして、その犠牲の上に成功を築こうとは思わなかったのだ。チュンモ・カン先生の初レッスンで弾けなかったのはこういう理由だった。

睡眠時間を削って三足のわらじを履く中、神様はとんでもない試練を与える。なんとコンクールファイナルの3日前、交通事故に遭ってしまったのだ。ミュージカルの練習をするため、朝早く起きて学校へ自転車を走らせた。するとハーレーダビッドソンのような大型バイクが突然右折してきて、自転車ごと轢《ひ》かれてしまったのだ。真っ白いライトで目の前を照らされた瞬間、絶望が頭をよぎった。

「ああ、これで日本音楽コンクールはおしまいだ……」

右半身全体を強打し、右手首が痛くてとても鍵盤を弾くどころではない。仕方なく、左手だけでラフマニノフを練習した。

ところがどういうわけか、ファイナル当日の朝になると、右手の痛みがきれいに消え去っていた。奇跡が起きたのだ。「あとは野となれ山となれ」と気持ちが吹っ切れた。プレッシャーからも緊張感からも完全に自由になり、目の前の演奏にすべての力と魂を注ぎこむことができた。事故に遭ったおかげで、自分の潜在能力をステージでフルに発揮できたのだ。絶望的な瞬間を好機に変える経験を得たのだ。

ありがたいことに、日本音楽コンクール第1位の縁で、海外の音楽家のレッスンを受ける機会をいただいた。レッスンをしてくれたのは、ロシアのチャイコフスキー記念国立モスクワ音楽院で教鞭を執るミハイル・ヴォスクレセンスキー先生（1935年生まれのロシア音楽界の重鎮であり、第1回ショパン国際ピアノコンクールで優勝したレフ・オボーリンの愛弟子。偉大な演奏家との交流もさることながら、ショスタコーヴィチ作曲のピアノ協奏曲を初演したりと、作曲家からの信頼も得ていたピアニストである）だ。

コンクール後の2013年4月、桐朋学園大学音楽学部に特待生として進学した。桐朋学園大学で学び始めて間もない6月12日にヴォスクレセンスキー先生と会ったのだ。

日本でレッスンを受講したあと、ヴォスクレセンスキー先生が楽屋にやってきた。

「私と一緒にロシアに行かないか？」

日本音楽コンクールで第1位になったからには、次は世界へ出たい。やることはやったし、獲るものは獲った。それに、日本一の称号に甘んじていい気になっていたら「井の中の蛙《かわず》、大海を知らず」で潰れてしまう。今の自分をいったんリセットしよう。誰も知らない土地へ飛びこんでみよう。迷うことなく世界へ飛び出してしまえばいい。今がベストタイミングではないか。日本一の次は世界だ。その場で「イエス！」と即答した。

国立モスクワ音楽院のオンボロ学生寮

「20歳になったころ、大学2年生くらいで留学できたらいいな」と漠然と考えていたところ、高校卒業2カ月後でのお誘い。渡りに船だ。

日本音楽コンクールで1位を獲ってからというもの、いくつか演奏のオファーをいただいていたが、今はとにかく留学だ。日本の大学で勉強するのは今すぐやめて、モスクワ留学のチャンスに食らいつくのだ。6月12日にお誘いを受けてから2カ月半後の9月2日、ロシアに渡った。前日の9月1日は、僕の19歳の誕生日だった。

「誕生日おめでとう。モスクワに留学するんだって？　がんばってね！」

友だちからたくさんメールをもらい、成田空港でバンバン返事を返しながら飛行機に乗りこんだ。このときは、国立モスクワ音楽院への入学が正式に決定する前だったので、留学生ビザは取得せず、母が観光がてらついてきてくれ、入学試験だけ受験してすぐに帰国した。それから2週間後、正式に入学が決まり、奨学生として寮に住むことになって、一人で再びモスクワに飛んだ。

国立モスクワ音楽院の学生寮は、1000人は収容できそうなマンモス寮だった。1階は男女共用部屋が並び、多くのカップルが一緒に住んでいた。2、3階は女性専用フロア、4、5階は男性専用フロアだ。5階建ての寮の廊下は100メートル走2本分くらいの長さがある。部屋には2段ベッドとシングルベッドが置いてあり、二人ないし三人が同部屋で暮らす。両手を伸ばすと両手とも壁にぶつかるような狭い居住空間だった。

国立大学でこんなに古びた寮が使われているのは、世界的にも珍しいのではないか。ボロボロで使い勝手が悪い寮だが、1980年にアジア人で初めてショパンコンクールで優勝したベトナムのダン・タイ・ソンなど、歴代のレジェンドが住んでいた当時のままであることが魅力だった。音楽家とピアニストの歴史と伝統が詰まった名物寮なのだ。

ロシア初の食事は「ひまわりの種」

入寮するときには荷物なんてほとんどもっていかなかった。現金は少しだけもっていたが、クレジットカードなんてない。ロシア語も何一つ知らないし、「腹減ったなあ。誰かメシ作ってくれないかなあ」と途方に暮れた。

『地球の歩き方』を読むと「ロシアの水道水は飲まないほうがいい」と書いてある。硬水のため、水道水をそのまま飲むと石灰が体内に蓄積され、尿路結石症になってしまうのだ。ペットボトルの水を買うこともできず、水道水を口にするわけにもいかず、モスクワに着いてから2日間は水も飲めなかった。何も食べられず、飲まず食わずの状態で3日目に突入すると、さすがに元気がなくなって痩せてきた。

廊下に出てみると、二つ隣の部屋からたまたま日本人が出てきた。桐朋学園の8歳上の先輩だ。コンサートで現場が一緒になったことがあり、その人の顔を覚えていた。

「先輩、すみません。桐朋学園出身の反田です。こっちに来たばかりなんですけど、喉が渇いてお腹も空いて、どうしようもありません」

「ああ、それは大変だったね。じゃあ今日の夜、ご飯行こう」

この会話をかわした時間は朝10時だ。

「いやいや、先輩、夜までなんてとても待てません！」

「わかった。ちょっと待ってて。今何かもってくるから」

しばらくしてから、先輩が自分の部屋から出てきた。

「ごめん。今僕の部屋にはこれしかないんだ」

そう言ってペットボトルの水とひまわりの種をくれた。ロシア人は、ひまわりの種をよく食べる。普通はフライパンで種をあぶり、皮が少しめくれた状態で食べるのだが、そんなことは知らないから生のまま種を食べた。飢餓状態で口にしたひまわりの種は、おつまみやナッツみたいでとてもおいしかった。水とひまわりの種から、僕のロシア生活が始まったのだ。

マクドナルドでハンバーガーを注文できれば一人前

数週間後にルームメイトがやってくるまでの間、寮で初めての一人暮らしを体験した。モノの買い方もわからないし、モスクワでは片言の英語すらまったく通じない。「ウォーター」という英語すら通じなかった。

ロシア語はズブの素人だったものの、数字だけは1から9まで事前に覚えていった。マクドナルドで「8と3のハンバーガーをくれ」と頼んだところ、8番と3番のハンバーガーではなく、同じハンバーガーが11個も出てきた。しかも持ち帰りはできず、店内で食べろと言う。さすがに日本語でキレた。

「お前、オレのこの体見てみろよ。どう考えても一人で11個もハンバーガー食べないだろっ！」当時は体も細く、小中学生に間違えられる容姿だった。

全部突き返すのも申し訳ないので、予定より1個増やして3個だけもらい、8個は返品した。

その日は寒かったので、温かい紅茶くらい飲みたかった。「ティー、プリーズ」と頼むと、どうやら「何色がいいか」と言っているらしい。色を指すロシア語を知らないのでマゴマゴしていたら、白湯《さゆ》（ただのお湯）が出てきて100円も取られた。ハンバーガー3個と白湯が、ロシアで初めてのマック体験だった。海外に一歩踏み出しただけで、こんなにも言葉が通じないものなのか。「マックで一人で買い食いできるようになったら一人前だな」と思った。

僕がモスクワに着いてから3週間ほど経ったころ、ユング君という韓国人のルームメイトがやってきた。ユング君は韓国にいたころ、お笑い芸人の養成所に1年間通っていたそうだ。モノマネがとてもうまく、大学の先生のモノマネをやるのでクラスメイトからすごい人気だった。

「なんでロシアに来たの?」と訊くと、「ここは国立大学だし、とりあえず経歴のためだ」と悪びれることもなく言う。ピアノはあまり上手ではなかったが、とにかくおもしろくていいやつだった。僕より1年先にロシアに来て勉強していたそうで、ロシア語を話せるからとても頼りになった。洗濯機を動かすためにコインをいくら投入すればいいのか、食堂ではどうやってオーダーすればいいのか、同じ部屋で暮らしながらあれこれ教えてもらった。ただ、ユング君の思い出はそれだけではない。故郷から送られてくるキムチにはとても手を焼いた。本場のキムチの匂いは強烈でなかなか消えない。今もキムチを目の前にすると、部屋に充満したキムチの匂いとユング君の顔を思い出す。

お湯が出ないシャワールーム　頭から冷水を浴びる学生生活

寮のトイレに便座がないのには閉口したし、ときどき断水があるのも困った。半日だけ止まるのなら我慢できるが、寮があるブロック全体で１週間も断水が続く。食器も洗えないし、トイレで水を流すこともできない。

基本的に寮生は、断水が始まると１週間風呂に入らないのが当たり前だった。風呂に入りたいときは、５〜10リットルの水が入る大きなタンクをもって水くみに出かける。その冷たい水をチマチマ使って、髪の毛や体を洗わなければならなかった。

電力が不足しているのか、ボイラー（給湯設備）がおかしくなっているのか理由はわからない。冬場になるとお湯が出にくくなるのは日常茶飯事だった。モスクワに来て最初の冬、ある日、寮の地下にあるシャワールームに出かけたら、遠くから「ウワーッ!!」と叫び声のようなものが聞こえてくる。「シャワーを浴びながら歌っているやつがいるな」と思ったら、自分の頭の上から冷水が噴き出してきて「ウワーッ!!」と叫んだ。

シャワールームでは、いつも滝のように激しく水が噴き出す。夏場はお湯が出なくてもかまわないから、よくみんなで床にあぐらをかいて水浴びした。「滝行《たきぎょう》をしているんだ」と冗談を言ったものだ。

「おい、今日はお湯が出たぞ」「さっきまでお湯が出ていたらしい」という噂が流れると、みんなであわててシャワールームへ走る。お湯が出てくるのを期待していたのに水が出てきて、心底がっかりした。運良くお湯が出たときは、みんな居座ってなかなかシャワールームから出てこない。

ロシアの水道水は軟水ではなく硬水だから、寮に住むようになってから髪質がバリバリに変わり、肌の状態が悪くなったと言う人もいた。そのあたりに敏感な女子学生は、軟水の炭酸水を買って顔を洗っていたものだ。

モスクワに来て3カ月が経つと、本格的な真冬に突入した。部屋の窓が壊れているせいで、マイナス温度の隙間風がビュービュー部屋の中に入ってくる。暖房も故障気味で調子が悪いし、とにかく朝は寒くて布団から出たくない。

入学するときには「キャンパスは寮の真裏で、徒歩3分です」と聞いていたのに、どう考えても30分はかかる距離だ。最低気温がマイナス15~20度まで下がる中、30分も歩かなければならないのはつらかった。街灯が少なかったから、真っ暗闇の中で白い雪だけしか目に入らない。

マイナス10度の段階で、目の上に雪が積もってまぶたが重くなってくる。マイナス15度まで気温が下がると、まぶたが凍って目が開かなくなる。マイナス20度になると、風呂上がりのようにポカポカ気持ち良くなり、急激に眠くなる。マイナス25〜30度では、ヒートテックの「極暖」や「超極暖」を2〜3枚重ね着しても寒い。こうなると命の危険を感じる。あまりにも寒い環境だと、iPhoneを起動してから30秒しか電源がもたず、あっという間にバッテリーの残りがゼロになってしまう。

消耗したカロリーを補給するために「キットカット」や「スニッカーズ」を食べようとしても、マイナス15度ではチョコレートがカチカチに凍り、ちっとも溶けない。おやつを食べるのも一苦労だった。

朝はうっかり10〜11時まで寝過ごすと、もう太陽は隠れている。太陽を見ない期間が1週間も続くのはざらで、薄暗い灰色の中で生きる日々だった。「なるほど、こういう厳しい環境の中で生きているから、ロシアの音楽家はあそこまで哀愁漂う曲を書けるのか。それは書くよな……」と肌で感じた。

言語の壁、寮生活のひどさ、宿題の厳しさに寒さという試練が加わった。日本人に限らず、全世界からやってきた留学生が挫折してどんどん途中でやめていった。

命の危険を感じる日常

国立モスクワ音楽院の周辺は、お世辞にも治安が良いエリアとは言えなかった。先輩が通学路を歩いていたら、いきなり拳銃を突きつけられたことがある。パスポートも財布も全部奪われてしまったそうだ。

食事に出かけようと思って寮の階段を下りている途中で、知らない人から声をかけられたことがある。映画「アラジン」で盗賊がもっているような、刃渡り40センチくらいの湾曲した刃物を首元に突きつけられた。ちょっと言葉遣いを誤ったら、シュッとかき切られてしまうパターンだ。

「カネがないんだわ。よこせ」

ストレートに恐喝され、刃物を突きつけられたまま2～3分膠着状態が続いた。

「おいおい、ちょっと待ってくれよ。オレは学生だし、カネなんてもってないんだわ」

　なるべく落ち着いて対応し、興奮する相手をなだめてなんとか乗り切った。そこは寮の中だったから、時間が長引けば警察がやってくると判断したのだろう。いずれにしても、あれは人生で最も危機感を覚えた瞬間だった。

　タクシーのボッタクリもひどかった。メーターがついていない白タクが普通に走っていて、たった100メートル乗っただけなのに「3万ルーブル（当時、日本円で4万円）だ」と言われる。

「ええっ⁉　そんなの、いくらなんでも法外じゃない」

「いやいや、そこに値段が書いてあるでしょ」

　運転手が指差した表を見ると、本当に3万ルーブルと書いてあったから驚いた。そんな金額はとても払えないので、2000ルーブルだったか現金を投げつけてダッシュで逃げた。運転手は何か叫びながら寮まで追いかけてきたものだ（寮には警備員がいるから助かった）。

　スリはあちこちにいるし、脅されて刺されることだってありうる。いつもまわりをキョロキョロし、命の心配をしながら寮と学校を行き来していた。

寮の部屋では、発砲音もときどき聞こえてきた。ルームメイトと一緒に「花火だ！窓開けようぜ」と言って外を見たら「ギャーッ！」と叫び声が聞こえてくる。花火の音だと思ったら、ピストルを発砲する破裂音だったのだ。

ロシア語とピアノの超スパルタ教育

国立モスクワ音楽院に入学したからといって、いきなり音楽ばかりを教えてもらえるわけではない。ロシア語がわからない外国籍の学生は、まず予備科でロシア語を勉強しなければならなかった。この授業がおそろしくキツかった。

ロシア語ではキリル文字が使われる。英語の「D」にあたる文字は、顔文字でよく使う「Д」である。「d」にあたる小文字は「д」と、形が微妙に異なる。驚くべきことに、これが筆記体だとアルファベットの「g」そっくりの表記になるのだ。同じ文字でもプリント体、筆記体、ゴシック体と表記が3種類もあり、文字の形がそれぞれ異なる。キリル文字を全部覚えるだけで、頭がおかしくなりそうだった。

1回4時間の授業が週4回あり、ものすごい量の宿題が毎回出される。A4サイズの紙に小さい文字で書いてあるロシア語の短編小説や文章を4〜5ページ、多いときは10ページ解読しなければならない。ロシア語の単語を覚えるだけでも精一杯なのに、文章を丸暗記して暗誦しなければならないのだ。宿題が出された翌日には、丸暗記済みを前提としたディスカッションがある。授業についていくためには、1日6時間はロシア語を勉強しなければならなかった。

予備科でロシア語を勉強しながら、並行してピアノレッスンも受けた。最初の3カ月は英語でレッスンをやってくれたものの、その後はロシア語に切り替わった。

国立モスクワ音楽院の音楽教育は、日本とはまったくやり方が異なる。旧ソ連出身者が教壇に立っているせいか、内容もシステムも超ハードだ。無理難題を課題に据えるのは日常茶飯事だった。「来週この曲を弾いて」と言われ、そこから1週間で譜読みをして練習を重ね、暗譜した状態で披露しなければならない。

課題曲はハードなものばかりで、普通なら3カ月がかりで練習するような曲だ。2週連続で同じ曲を弾いてはいけないという暗黙のルールがあるため、次々と難曲をマスターしなければならなかった。完全なスパルタ教育だ。

寮にはピアノの練習室があったものの、ボロボロなのですべての鍵盤が鳴らない。

ピアノの鍵盤は白か黒が当たり前なのに、表面の塗装が全部剝がれて茶色一色だ。練習していると、ささくれだった鍵盤の木材が壊れて、指に棘《とげ》が刺さって流血することもあった。どういう経緯なのかは知らないが、明らかに被弾した形跡が残るピアノもあった。

ピアノの練習室はそこしかなかったから、ボロボロのピアノでも我慢して練習するほかなかった。練習室は十分にあるわけではないから、学生同士で部屋の奪い合いになる。年間150万円の授業料を支払っているはずなのに、その金はいったいどこで使われているのだろうと疑問に思った。

予備科の1年間は語学の宿題でいっぱいいっぱいだったので、スキマ時間や睡眠時間を削ってピアノの練習に勤《いそ》しんだ。この状況を打開するのに一番手っ取り早いのは、早く語学をマスターしてしまうことだった。そうすれば宿題に無駄な時間を取られることなく、ピアノの練習に専念できる。

だから最初の1年間は、ロシア語をメチャクチャに勉強した。そのおかげで、2年目になるころにはロシア語をだいぶしゃべれるようになっていた。英検で言うところの3級か準2級レベルまで到達していれば、予備科から本学科に進むための語学試験を突破できる。わずか1年間で、中学3年生か高校1年生レベルまでのロシア語を習得した。

本学科に進むために一番大事なのは、実技試験だ。語学と並行して1年間、限りある時間の中で必死にピアノを練習した結果、100点満点中96点を取った。事務局の担当者から「歴代最高点だよ。韓国のイム兄弟の記録を更新したね」と褒められた。韓国のイム・ドンミンとイム・ドンヒョク兄弟は、2005年のショパンコンクールで二人とも3位に輝いている。彼らが取った95点が、本学科進級試験の過去最高得点だった。その得点を超えたと言われたのはうれしかった。

シューマン＝リストの「献呈」

モスクワ留学の1年目に、人種差別的な対応を受けたことがある。ヨーロッパでは英語やイタリア語、フランス語などバイリンガル（2カ国語使い）、トリリンガル（3カ国語使い）がゴロゴロいるし、彼らは総じて語学の上達が早い。だからロシア語もあっという間に話せるようになる。

ロシア語の習得に四苦八苦していたら、先生から痛烈な皮肉を言われた。

「ヨーロッパ人はすごいわね。アジア人はいつも勉強が遅いし、しゃべりも発音もひどい。あーあ、羽生君みたいな子が入学してくれればいいのにね」

フィギュアスケートの羽生結弦君だけは、ロシア人の間でも別格らしい。あんなスーパースターと比較されては立つ瀬がない。

図書館で勉強しようとしたら「中学生は入っちゃ駄目だ」と言われたのも衝撃だった。19歳の当時はヒゲを生やしていなかったし、今のように体重を増量していないから痩せていた。実年齢より若く見られるのはしょうがないにしても、中学生はないだろう。ＩＤカードを見せたら、図書館の職員が「えっ、ウソでしょ」と言う。ロシア人には幼い顔に見えてしまうのだ。

「所詮あいつは一段劣ったアジア人だ」とバカにされる雰囲気は、ピアノによって一発で覆した。

実技試験で僕は、国立モスクワ音楽院の本学科に首席で入学が決まった。成績上位者だけがステージにのぼれるコンサートがあり、僕が大取《おおとり》に選ばれた。

冗談交じりに「反田はちょっとしかピアノが弾けないと聞いていたのに、なんで最後なの？」と言う者もいれば、「ほかの学生に補講が入って時間の都合が悪いとか、たまたまでしょ」と陰口を言う者もいた。コンサートでは、シューベルトの即興曲に加えてシューマン＝リストの「献呈」を弾くことにした。

「献呈」を弾くのは初めての経験だった。当時パソコンはもっていたが、プリンターがなかった。楽譜屋は街に一軒しかないし、楽譜を買うお金もない。そこでノートに五線譜を一本ずつ引き、手書きで音符を写譜していった。３〜４分の曲を写譜するのに５日もかかった。

シューマンがどんな気持ちで歌曲「献呈」を書き、リストはどういう思いでその曲をピアノ用に編曲したのか。二人の音楽家の気持ちを想像しながら、苦労して写譜を進めていった。ロシア語の先生は「どうせ反田にはたいした曲なんて弾けないだろう」と高をくくって、途中で帰ってしまった。僕は「献呈」を完璧に弾きこなすことで先生たちをギャフンと言わせようと意気込んでいた。僕の演奏が響いたのか、ワンワン涙を流しながら聴いてくれた先生がたくさんいた。

演奏後には、たくさんのお客さんや先生方がかけ寄ってくれた。その瞬間、僕は喜びに満ちていた。

「あなたのためなら補講なんていくらでもやるよ」

その日を境に、先生たちの態度がガラリと変わった。

人と人をつなぐ「地上の星座」

モスクワ留学の最大の問題は、学費を自分で稼がなければいけないことだった。年間150万円の学費を6年間払うとなると、合計900万円かかる。奨学金をいただいてはいたものの、2年間しか保証はない。奨学金を打ち切られるリスクを考えるならば、定期的に日本へ帰国してコンサートを開き、お金を稼がなければならなかった。そのせいで出席日数が足りなくなるジレンマに苦しんだ。

日本とロシアを行き来する生活はあらゆる人との出会いを急加速させた。人と人の出会いは、「地上の星座」を織り成すように数珠つなぎで広がっていく。

1990年のショパン国際ピアノコンクールで第5位に輝いた高橋多佳子さんが、FM横浜の番組のゲストに呼ばれたことがある。番組MCである、タカギクラヴィア株式会社の高木裕社長が高橋さんに「若い子でおもしろいピアニストはいないかな」と尋ねた。

日本音楽コンクールで注目してくれていた高橋さんは僕ともう一人のピアニストA氏の名前を挙げて、その場で電話をかけた。A氏はその電話を取らなかった。知らない番号からかかってきた電話だったが、僕はその電話に出た。

「高橋多佳子です」

「はじめまして。反田恭平です」

「タカギクラヴィアの社長さんが反田君と話したいと言っているんだけど、電話を替わってもいい？」

「どうも、高木と申します。ウチにおもしろいピアノがあるんだけど、明日来れる？」

「はい、行きます」

ウラディミール・ホロヴィッツという伝説のピアニストが使っていたピアノを、タカギクラヴィアが買い取った。プロのピアニストが使うピアノは、通常でも小売価格が1台2000万円はする。ニューヨークにあったホロヴィッツのスタインウェイは、時価数億円はする骨董品だった。高木社長はそのピアノを買い取って日本にもってきていた。それを弾いてみないかと言うのだ。

夏目漱石や三島由紀夫が使っていた筆で原稿を書いてもいいと言われたら、作家なら誰だって心躍らせるだろう。ぜひホロヴィッツのスタインウェイを触ってみたかった。ただしそのピアノは、他のピアノと比べて鍵盤が軽いうえに110年前のピアノなのだ。たとえると、F1レーサーが乗るクルマのように扱いが難しい代物だった。

翌日すぐさまタカギクラヴィアに伺いピアノを弾いてみたところ、「反田だったらこのピアノを使いこなせるかもしれない」と判断された。そんな御縁で、ホロヴィッツのピアノを使わせてもらえることになったのだ（僕のファーストアルバム「Live!」はこのピアノで収録することになる）。

高木社長は、実の息子のように僕のことを真剣に考えてくれた。タカギクラヴィアはカフェも経営している。「お腹が空いたらいつでも来ていいからね」と言ってくれ、カフェを訪ねると毎回食事をご馳走してくれた。それだけではない。当時の僕はどこの事務所にも所属していないフリーのピアニストだったので、コンサートのギャラ交渉まで自分でやっていた。その様子を見かねて「ウチの会社で窓口を作ってあげるよ」と言ってマネジメントの窓口を立ててくれたのだ。2014年6月19日、タカギクラヴィアが年に一回主催するコンサートに招かれ、お客さまの前で演奏する機会をいただいた。ついには、2015年3月に自身初となるアルバムを自主制作というような形でタカギクラヴィアからリリースさせていただくことになった。高木社長の愛情の深さは計り知れない。この場を借りて深く御礼申し上げたい。

イタリアの国際ピアノコンクールに挑戦

モスクワに留学して1年半が過ぎた2015年5月、イタリアのチッタ・ディ・カントゥ国際ピアノ協奏曲コンクールに出てみることにした。それほど大きい規模のコンクールではないものの、ピアノコンチェルトが弾けるため、若手音楽家にとってはまたとない腕試しの機会だ。締切直前のギリギリでもエントリー可能だったから、試しに出場してみることにした。「サイゼリヤのミラノ風ドリアはうまい。本場のミラノ風ドリアを食べに行こう」という密《ひそ》かな動機もあった。

深夜便でミラノの空港に着いたものの、両替所が開いていない。僕はそのときロシアのルーブルしかもっていなかった。クレジットカードもないから「終わった。どこにも移動できないじゃないか」と絶望した。とりあえずタクシー乗り場に並んで「日本人はいないかな」とキョロキョロしていると、日本の赤いパスポートをもっている人が一人だけいる。ダメ元で「すみません。お金ないんで、ミラノ市街まで連れてってもらえませんか」と頼んだ。すると「いいよいいよ。僕もミラノ市街に行くから」と言って、一緒にタクシーに乗せてくれた。

手持ちの現金はないが、とりあえずミラノで1泊しなければならない。ミラノのホテルは予約しておらず、すべてが出たとこ勝負だった。Booking.com で空室を探し、フロントのボーイに「今晩ここに泊めさせてください。お金は明日銀行で下ろして払いますから」と頼みこんだ。

次の日は、スイスの国境近くにあるカントゥという街までミラノから北上しなければならない。ホテルのボーイが親切に「この電車に乗れば大丈夫だから」と教えてくれた。ところがその電車に乗ると、北に行かなければいけないのに、どう見ても南に向かっている。「おかしいな」と気づいたときに、iPhoneの充電が切れてしまった。しかも充電器はモスクワに忘れてきてしまった。

仕方がないのでミラノに逆戻りし、家電量販店の中にアップルストアが入っているのを見つけ、やっと充電器を買えた。今度はカントゥ行きの電車に無事乗れたものの、電車の中には充電器を挿せるコンセントがない。iPhoneを充電できず、何も情報を検索できないまま、やっとカントゥ駅に着いた。そこは田舎の小さな駅であり、コンクールを受けるための会場は遠く離れている。

田舎のイタリア人はとても優しい。目的地がわからないので道を尋ねたら、本屋に連れていかれた。「エントリー会場はここなのか。ここでエントリーできるのかな」と思っていたら、「これを買え」とイタリア語で言われてカントゥ市の地図を買った。その地図に印を書かれて「この道をこう行け」と言う。

僕は重度の方向音痴だ。重量23キロのキャリーバッグを転がし、気を紛らわすべく「スタンド・バイ・ミー」を歌いながらトボトボ目的地へ向かって歩き続けた。エントリーの締切は午後2時なのに、受付に到着したのは午後6時だった。

「ごめんなさい。道に迷って遅れてしまいました」と謝ると、「電話をかけても出ないから、あなたはもう来ないと思ってた。でもこうして来てくれたからいいよ」と言って、コンクールにエントリーさせてくれた。こんな珍道中も結果的に無駄足にならなかったのだ。

消えた優勝賞金60万円

学生は普通、ホームステイで寝泊まりしながら旅費を安く済ませるらしい。無計画な僕は、部屋が空いているホテルに適当に泊まることにした。そこはロビーも部屋の中も床に大理石が敷いてあり、メゾネット（2階建て）で部屋がだだっ広い。「一人でこんな大きいところに泊まれるのか。国際コンクールの支援はすごいんだな」と驚いた。部屋にはプリングルズやお酒も置いてあるし、ルームサービスの食事も悪くない。

ミラノの銀行で、日本円を10万円下ろしておいた。そのお金で2週間過ごすつもりだったのだが、妙な山っ気が生じて人生で初めてカジノに繰り出した。ブラックジャックやポーカーのルールは知らないし、カジノ独特のルールやしきたりもわからない。一人でスロット台に座って、とりあえず１００ユーロ（1万円）の種銭を準備した。

すると台に座って3分くらいで大当たりを引き当て、コインが溢《あふ》れて止まらない。ウワーッ！　とコインが出てきて、一気に１０００ユーロ（10万円）まで増えた。ものの5分弱で、種銭が10倍になったのだ。「カジノってすげえな」と驚きながらどんどんコインをゲットしていたら、後ろからトントントンと肩を叩く者がいる。「ここはオレの台だ。どけ」

今にして思えば、そんなものは言いがかりにすぎない。一人でプレイしている東洋人なんて、ちょっと脅しつけてやれば台を移ると甘く見られたのだろう。

「そうなんだ。あんたの台だとは知らなかった。ごめんごめん」

そう言って、コインを取れるだけ取ってから台を譲ってあげた。

カジノにハマらず、すぐに博打から抜け出せたのは幸いだった。

コンクールの１次予選に参加して、レベルの高さにおそれおののいた。２０１５年がコンクールの〝当たり年〟だということを、僕はまったく認知していなかった。ロシア・モスクワのチャイコフスキー国際コンクールとベルギー・ブリュッセルのエリザベート王妃国際音楽コンクールは、４年に一度開催される。ポーランド・ワルシャワのショパン国際ピアノコンクールは、５年に一度の開催だ。２０１５年は、世界三大コンクールがすべて開催される〝当たり年〟だった。当然、ほかのコンクールもレベルが高くなる。

「スロットをやったり呑気《のんき》にイタリアンなんて食べてる場合じゃないな」

広いホテルの部屋に戻って我に返り、危機感に駆られた僕は、そこから猛烈に練習して2次予選以降のコンクールに臨んだ。そして優勝し、日本円で賞金60万円をゲットしたのだ。

優勝を勝ち取り、ホテルから意気揚々とチェックアウトしようとした。すると「支払いは6000ユーロです」と言う。6万円かと思いきや、総額60万円だ。ホテル代は1泊3万〜4万円もかかり、タダだと思って毎日使っていたルームサービスは全部有料だった。優勝賞金60万円は右から左へ熔かし、賞状以外何も手元に残らなかった。これが人生初めての国際コンクールのドタバタ顚末記である。

賞金は1円も手元に残らなかったが、コンクールに参加したおかげで音楽家の友だちがたくさんできた。スイスの国境近く、コモ湖付近にあるオペラ劇場に招待され、ガラ・コンサート（祝賀の記念演奏会）で演奏できたのも収穫だった。そこはパガニーニ（イタリアのヴァイオリニスト）が実際に演奏していたホールだ。歴史に名を刻む音楽家と同じステージに立ち、心をこめてピアノを奏でる。無謀なイタリア遠征を通じて、音楽家としての経験値を積み、世界観が広がったことを実感した。

いかなる場所でも手を抜くな

「地上の星座」はさらにつながっていく。前述したとおり、高木社長の厚意でコンサート以外にも、タカギクラヴィアが所有する松濤《しょうとう》の小さなサロンなどでお客さんを入れて演奏を何度かさせていただいていた。高木社長の計らいでいくつかの事務所の方が何度も僕の演奏を聴きに来てくれることになった。血気盛んな当時の僕は、事務所の方が来ていると聞くと、そつなくこなそうとか大事な機会だから丁寧に弾かなければ……と縮こまらず、逆に今出せる自分の最大限の演奏をしていた。ある回のサロンでのこと。演奏を終えると、近づいてきた人が「ウチでメジャーデビューしませんか」と言うではないか。大手レコード会社である日本コロムビアのディレクターが聴きに来てくれていたのだ。こんな大手レコード会社が興味を示してくれたということに、僕は大喜びだった。

「お願いします。早くＣＤを出したいです」

こうしてトントン拍子で話が進み、２０１５年7月にはアルバム「リスト」をリリースしてメジャーデビューを果たし、日本コロムビアの所属アーティストにもなった。それから半年後の２０１６年1月23日にはクラシック音楽界の聖地サントリーホールで満席の中、デビューリサイタル（独奏会）を行った。

「誰がどこで聞いているかわからない。どんなに小さなコンサートであろうが、２０００人が入る大ホールのコンサートであろうが、絶対に手を抜いてはならない」

これが僕がずっと大事にしているモットーだ。

２０１４年6月、東京都調布市で開かれる調布国際音楽祭を訪れていた。そこでは、催しに訪れた市民や聴衆が飲食できるよう、小さなカフェを休憩所がわりに使っていた。そこで30分間、無料でピアノを弾いてほしいと主催者の方に言われた。

モスクワに留学中だった僕は、ロシアの音楽家が書いた作品を一生懸命弾いた。演奏が終わって楽屋に引き揚げたら、高校の先輩が「反田君、オケの人が来ているよ」と言う。「えっ⁉」とひっくり返った。無料のミニコンサートを、東京フィルハーモニー交響楽団の宣伝部長がたまたま聴いていてくれていたのだ。

「あなたの演奏にとても感銘を受けました。ぜひうちのコンサートで弾いてください」

その出会いがきっかけで、東京フィルハーモニー交響楽団の定期演奏会からオファーをいただいた。オーケストラにとって、定期演奏会は最も大切で重要なコンサートだ。ルーキーの若手ピアニストだった僕にとっては、年に一回オーケストラと一緒に共演するチャンスが回ってくるだけで、涙が出るほどありがたい。あのオファーを受けたときの興奮は忘れられない。

喜んで演奏を引き受けたところ、イタリア人のアンドレア・バッティストーニが指揮者を務めるという。話を聞くと、アンドレア・バッティストーニは僕と同じ日本コロムビアと契約しているアーティストだった。まさかまさかの偶然だ。

「だったら話は早い。この定期演奏会をライブレコーディングにしよう。アーティスト間の合意だから問題なく出せるよね」

そう言われて、２０１５年9月11日に定期演奏会をライブレコーディングした。

「これだけだと1枚のCDとしては短すぎるね。カップリングも作ろう」

そう言われて、アンドレア・バッティストーニと一緒にイタリアに行ってＲＡＩ国立交響楽団と一緒にライブレコーディングを行った（２０１６年7月7日）。こうして

２０１６年11月23日、「ラフマニノフ　ピアノ協奏曲第２番／パガニーニの主題による狂詩曲」というライブアルバムを発売できたのだ。

他にも、２０１５年12月にはマリインスキー劇場管弦楽団というロシアで最高のオーケストラと共演し、２０１６年１月には国立モスクワ音楽院の大ホールで演奏できた。大きな舞台でキャリアを重ねながら、音楽家としての視野がぐんぐん広がっていくのを肌で感じていた。

一連の活動に加え、幼少期から何度も出演させていただいていた「題名のない音楽会」がきっかけで、ＴＢＳ「情熱大陸」から密着取材の声をかけていただいた。２０１６年10月２日、放送された直後の反響は想像を超えていた。放送前に２０００〜３０００人だったTwitterのフォロワー数は、一夜にして１万人まで増えた。

それまで「反田恭平」という名前を一度も聴いたことがない人に、固有名詞が浸透していった。おかげで、リサイタルやコンサートのチケットが売れるようになったのは本当にありがたかった。その後、２回、３回と「情熱大陸」に出演させていただくことになった。最初に僕を見つけてくれたディレクターとは今も深い親交がある。

若い後輩のみんなに、僕は言いたい。

「誰がどこで聞いているかわからない。チャンスは目の前にあるといつも思え」

たった30席のサロンで開かれるフリーコンサートであっても、客席に誰がいるのかはわからない。「こんなコンサート、手抜きしたって構わないだろう」とわずかでも油断が生じれば、大きなチャンスを失うことになる。客がスマートフォンを見ながら上の空で聴いている会場であっても、雑音の行き交うカフェであっても、絶対に手抜きをしない。一人でも自分の演奏を通して心に染みる経験をしてくれるならそれだけで自分が奏でた音には意味がある。逆に言えば、怠けた演奏を耳にした人は二度と自分の演奏を聞いてくれないだろう。いついかなるときも全身全霊で取り組まなければならない。「手を抜かない」、たったそれだけのことなのだ。愚直にして真摯《しんし》な姿勢を失った者は、人生のチャンスをつかみ損ねるのだ。

国立モスクワ音楽院との訣別

２０１３年9月にモスクワに来てから3年半が過ぎた。外国人は予備科で1年ロシア語を学び、本学科に進んでから5年学ばなければ大学を卒業できない。モスクワで

3年半暮らすうちに、丸6年をこの場所で過ごす意味を見いだせなくなってしまった。それは、環境に慣れすぎてしまったからだった。そこで、国立モスクワ音楽院を中退することを決めた。

「自分はなんて小さな存在なのだ。オレは世界のことを何も知らなかった」

音楽院での授業は非常に厳しい内容だったが、とても楽しくすべてが勉強になった。しかし頭の中にお金の心配が渦巻く環境は、あまりにもストレスフルだった。もちろん音楽家として活動するための資金を貯めるのは、悪いことではないし大切なことだ。だがお金を貯めることを第一優先に考えて生きていたら、心がないただの商業的な演奏家に堕してしまう。

お金目当てで演奏している人は、客席で見ていればすぐわかる。誰とは言わないが、指揮者の中にもアーティストの中にも「今日はこれぐらいでいいかな」と手抜きする者がいる。そういう大人たちの姿を目にしながら、いつも心底幻滅した。

「こういう演奏は絶対に良くない。オレはああいうピアニストにはなりたくない。一回一回のコンサートに命をかけて、一期一会で全力投球する。そうでなければ、自分の財布からチケット代を払い、貴重な時間をこじ開けて来てくださるお客さんにあまりにも失礼ではないか」

一回のコンサートで、人の心を激しく揺り動かす音楽家になりたい。報酬なんて二の次、三の次で構わない。音楽家としての原点に帰るために、これ以上モスクワにいるべきではないと考えた。

国立モスクワ音楽院のミハイル・ヴォスクレセンスキー先生からは「やめないでくれ。出席日数など、君が抱えている学校の問題は私がなんとかするから」と猛烈に引きとめられた。ヴォスクレセンスキー先生には多大なる教えをいただいてきたし、先生を恨む気持ちなど何一つない。最後に僕は、次の一文を送信した。

「先生、ありがとうございます。でも、もうこれ以上僕のことを助けないでください。自由にしてください。僕をモスクワに誘ってくださってありがとうございました」

考えに考え抜き、僕は重い決断を下した。

第3章

人生を変えるショパンコンクール

ポーランド・ワルシャワ音楽院への旅立ち

国立モスクワ音楽院を中退したあと、「次はどこへ行こうかな」と考えながらロシアで半年間ほど過ごすことにした。

前述のように、モスクワ留学を決めたのはミハイル・ヴォスクレセンスキー先生からスカウトを受けたからだ。もともと僕の頭の中では、モスクワ以外にワルシャワ（ポーランド）、ウィーンないしザルツブルク（オーストリア）、ニューヨークのジュリアード音楽院という複数の留学先候補があった。

モスクワでの学びを終えた今、ワルシャワに向かうべきか、オーストリアを目指すべきか、はたまたジュリアード音楽院を選ぶべきか。

中学時代からうっすらとショパンコンクールに出たいと思っていたが、自分がショパンコンクールで納得がいく結果を勝ち取るためには、あと3年は必要だと思った。となると、次の機会は2020年だ。2020年を見据えて、ショパンの祖国ポーランドで腰を据えて音楽を学びたい。そう考え、ワルシャワ音楽院（現・フレデリック・ショパン音楽大学）に入学を決意した。

「いつかワルシャワで勉強したい」という願いは、日本にいたころから持っていた。国立モスクワ音楽院中退によって、その時期が3年早まっただけの話だ。

ポーランドに留学するからには、ワルシャワ音楽院のピオトル・パレチニ先生に師事したいと思った。パレチニ先生はクリスチャン・ツィメルマンの先生でもあるあこがれの音楽家だった。接触可能なコネクションを必死で探したものの、どうしても見つからない。唯一の連絡手段は先生の公式Facebookだけだった。

失礼は重々承知だが、SNSで連絡を取るほかない。バイオグラフィ（履歴書）を添付し、メッセンジャーで「僕は指揮を勉強し、ピアノコンチェルトも弾いてきました。先生の門下生にしてください」とメッセージを送った。YouTubeのカギつき非公開ページにピアノコンチェルトの演奏、指揮振りの動画をアップして、リンクを先生に送った。

すると「とりあえず一度こちらに来なさい」と快い返事をいただいた。飛行機のチケットを急いで予約してワルシャワに飛んだ。こうして僕はピオトル・パレチニ先生のもとに入門し、2017年10月からワルシャワで生活することに決まったのだ。

ショパンコンクールを勝ち取るためにも、やはり、腰を据えて勉強するための軍資金が必要だ。2017年2月14日、バレンタインの日にロシアから完全帰国した。国立モスクワ音楽院もそうだったが、海外の大学は日本と学期が半年ズレているから、次の入学は2017年10月だ。それまで8カ月も時間がある。この間集中的にリサイタル活動に専念し、ワルシャワでの学費と生活費を貯めることにした。

一人前の音楽家として生きていくために、ワルシャワで勉強を重ねたい。ショパンの息遣いを感じながら、ショパンコンクールへの階段を一歩一歩着実にのぼりたい。

ショパン国際ピアノコンクール

ショパンコンクールを強く意識したのは12歳のときだ。母が録画してくれたNHKのドキュメンタリー番組を観て、ショパンコンクールという大きな国際コンクールがあることを初めて知った。プロのサッカー選手になりたいと本気で思っていた僕は、「へえ。ピアニストの世界にも、ワールドカップやオリンピックのようなすごい大会があるのか」と興味をもった。

そのとき観たドキュメンタリーは、2005年のショパンコンクールが特集されていた。関本昌平さんと山本貴志さんが第4位に輝いた大会だ。お二人は桐朋学園大学音楽学部附属「子供のための音楽教室」で音楽を学んでいる。僕も桐朋学園の音楽教室でピアノを学ぼうとしていた矢先だったので、グンと親近感が増した。「今から思いきりピアノを練習したら、自分もあの舞台に立てるかもしれない」。関本さんと山本さんの活躍を目にして勇気づけられた。

それから10年後の2015年、11歳で出会った幼なじみの小林愛実さんがショパンコンクールに出場する。彼女はファイナル（最終審査）まで勝ち進み、堂々とピアノコンチェルトを弾いた。僕がモスクワで、ロシア語の勉強に苦しみながらくすぶっていた時期だ。小林さんの活躍を遠目に見ながら「うらやましい。オレもショパンコンクールに出たいな」と本気で思った。

小林さんがショパンコンクールで活躍した翌年の2016年10月、僕を密着取材した「情熱大陸」が放送され、僕はクラシックの世界ではそれなりに知られるようになっていた。

メディアに大きく取り上げられてコンサートのチケットがよく売れれば、わざわざショパンコンクールに出る必要なんてない——そんな考え方もあった。

コンクールに出たのに、良い結果を残せず惨敗したとしよう。すると今まで応援してくれてきたファンの人たちが「自分は正しい耳をもっていないのではないか」と疑念を抱くかもしれない。「反田の音楽は素晴らしいと思っていたのに、自分の価値判断が間違っていたのか」、ファンの皆さんからそんなふうに思われるのは、心が引き裂かれるほどつらく苦しい。

せっかく積み上げてきたファンの信頼を、一瞬にして失うことにもなりかねない。ショパンコンクールへの出場は、ベネフィットも大きいがリスクも大きい諸刃の剣だった。

ハイリスク・ハイリターンの挑戦

急病や交通事故といった予期せぬ出来事によって、コンサートの予定に穴をあけてしまう音楽家がいる。その人の代役に抜擢されたところ、それが評判を呼んで一気にブレイクするケースがよくある。名だたるマエストロ（指揮者）に気に入られて、2000人クラスのホールでピアノコンチェルトを弾く人もいる。

こういうブレイクの仕方は自らリスクを背負う必要がないし、苦労もなく受け身だ。自分はそんな受動態の生き方でいいのか。誰もが生涯を通じて、真剣に対峙《たいじ》するべき大事な試練が10年に一度は訪れると僕は思っている。僕にとって、今がその大切な瞬間ではないのか。そう思い始めた。

「怖い」「おそろしい」と強烈なプレッシャーに物怖じしつつ、「死に物狂いで練習して結果をつかみにいくべきではないか」という山っ気もある。ショパンコンクール応募締切のギリギリまで、「果たして自分はこのコンクールに出るべきなのだろうか」と思い悩んだ。

鋼のメンタルが備わらない限り、コンクールで100％の力を出し切ることはできない。プレッシャーに押しつぶされて悪い結果に転がれば、「もうピアノなんて弾きたくない」とふさぎこんでしまうかもしれない。逡巡《しゅんじゅん》に逡巡を重ね、心がボキッと折れそうになりながら、「それでもコンクールに出たい」と思った。小さなころから思い描いてきた「ショパンコンクールのファイナルでコンチェルトを弾きたい」という夢を、絶対に叶えたいと思ったのと同時に、挑んで後悔するよりも挑まないで後悔するほうが一生苦しいだろうと思った。

ショパンコンクールに向かって、ワルシャワで、僕の新たな人生がスタートした。

人生でやり残したことがないように悔いなく生きる

第5章で詳しく述べるが、2018年、日本コロムビアとの3年の専属契約を終え、個人として活動する気持ちでいた。しかし、僕はたった一人で音楽活動を続けてきたわけではない。ワルシャワ音楽院に籍を置きながら、同年、ジャパン・ナショナル・オーケストラの前身となるMLMダブル・カルテットを結成した。最初は8人の弦楽隊から始まり、管楽器も加わって現在では総勢20名ほどのオーケストラへと発展している。

オーケストラの仲間がいなければ、ショパンコンクールは受けていなかった。そうはっきり断言できる。メンバーと集まってコンサートを開くたび、お互い確実にパワーアップしている姿を確認してきた。メンバーはいつも「反田が成長していることが自分たちの励みになる」と言ってくれる。僕にとっても、みんなが毎年確実に成長していることが何より励みになる。うまい具合に相乗効果を発揮しながら、お互い成長してきた。

言い出しっぺと旗振り役が誰よりも有名にならなければ、ジャパン・ナショナル・オーケストラはいつまで経っても世界の舞台では演奏できない。ジャパン・ナショナル・オーケストラをもっとメジャーにし、仲間と一緒に大きく発展していくために、もっともっと僕が有名になる必要があった。

新型コロナウイルス感染症が猛威を振るわなければ、ショパンコンクールは2020年10月に実施される予定だった。間が悪いことに、この時期にピッタリぶつかるスケジュールで大きな仕事のオファーがあった。世界的に有名なオーケストラと一緒に、ピアノコンチェルトを弾かないかというのだ。

喉から手が出るくらい弾きたいピアノコンチェルトのオファーを、ここで蹴るべきか否か。ショパンコンクール出場をあきらめてそのコンサートに出れば、指揮者に気に入られてヨーロッパでの活動の幅が大きく広がるかもしれない。

ショパンコンクールには年齢制限の壁があり、30歳までしかエントリーできない。20代後半にさしかかっていた僕にとっては、最初で最後のチャンスだ。一生に一度しか出場できないショパンコンクールを取るべきか。喉から手が出るほど出たいコンサートを取るべきか。1カ月間悩みに悩んだ。

コンクールで良い結果を残せば、きっともう一度そのオーケストラから共演の依頼が来るだろう。亡くなった祖父はよく「人生でやり残したことがないように、悔いなく生きなさい」と教えてくれた。人生の総仕上げの時期を迎えた晩年に「ああ、あのときショパンコンクールに挑戦しておけばよかった」と後悔したくない。ショパンコンクールで力を尽くし、そのうえでコンサートのチャンスをどんどんつかめば最高ではないか。悩みに悩んだ末、僕は、ショパンコンクールに出場する決断をした。

周囲の雑音に惑わされない

1927年に創設されたショパンコンクールは、100年近い歴史を誇る。ショパンの命日である10月17日を休みとして、命日の前後にスケジュールが組まれる。今回のコンクールには、53カ国から502人のピアニストがエントリーした。

DVDによる審査を通過したピアニストの名前は、YouTubeの生配信で発表された。小林愛実さんや角野《すみの》隼斗《はやと》さん（ピアノユーチューバーの「Cateen かてぃん」）に加え、僕の名前も発表された。日本のクラシックファンたちは「今回は反田もショパンコンクールに出るのか」と大いに盛り上がった。

こうなれば、もはや後戻りはできない。途中で棄権などしようものなら「反田は意気地なしだ」と思われてしまう。ここからの底知れぬプレッシャーは、なんとしてでも乗り越えるしかない。

「反田さんのコンサートは人気がありすぎて、チケットが買えないことで有名だ。すでにこれだけの名声を得ているのに、なんで今さらショパンコンクールに出るんですか」と否定的なことを言う人もいれば、「がんばってください」と応援してくれる人もいる。

新型コロナのせいで1年延期された結果、コンクールにエントリーしてからファイナルまで2年間もの時間があった。この間、余計な雑音が耳に入らないように極力ノイズをシャットアウトしてきた。

小さいころから母はよく「人は人だよ」と諭すのが口癖だった。ピアノをサボって外にサッカーをやりに出かけようとすると、そのたび「人は人だよ」と言われた。ショパンコンクールを前にして、その母の声が耳朶《じだ》によみがえった。

自分は今何をやるべきなのか。ピアノを通して人々に何を伝えたいのか。どんな使命をもって生きていくのか。まわりの人間から何を言われようが、自分の信じる道を一本筋で歩み通そうと思った。

DVDによる審査を経て、ワルシャワで予備予選が開かれた（2021年7月12〜23日）。予備予選の日が近づいてくると、今まで感じたことのない複雑な感情に全身が包まれた。虚しさ、悲しさ、絶望的なまでの虚無感に心を押しつぶされそうになる。

予備予選の会場までタクシーで向かう道中、窓から外の景色を見ると「次にこの景色を見るときにはもう結果が出ている。そのときどういう世界になっているのだろうか」と不安になる。「果たしてこの道を進む選択をして正しかったのだろうか」と、逃げ出したい気持ちになった。

自分の人生がこの選択によって決まってしまう。このなんとも言えない孤独は誰にも理解されないだろう。会場に着くと、そんな僕と似た複雑な気持ちを抱えた参加者がたくさんいた。様々な感情が渦巻いた会場の雰囲気に背筋が伸びたことで今まで感じていた虚無感に打ち克ち、予備予選を無事突破することができた。予備予選を勝ち抜いたのは、502人のピアニストのうち87人だ。日本からは小林愛実さん、角野隼斗さん、古海《ふるみ》行子《やすこ》さんをはじめ14人が1次予選に進んだ。

コンクールの日程は過酷だ。

▼1次予選　10月3〜7日
▼2次予選　10月9〜12日
▼3次予選　10月14〜16日
▼ファイナル（本選）　10月18〜20日

ここから3週間弱の闘いが始まる。絶対に負けるわけにはいかない。敵は86人のピアニストたちではない。敵は自分自身の中に潜む弱い心だ。「弱気は最大の敵」と心に刻み、荒海に向けてオールを漕いだ。

International Chopin Piano Competition

［1次予選］
FIRST ROUND

Nokturn H-dur Op. 62 nr 1
ノクターン　第17番　ロ長調　Op. 62-1

Etiuda C-dur Op. 10 nr 1
エチュード集　第1番　ハ長調　Op. 10-1

Etiuda h-moll Op. 25 nr 10
エチュード集　第10番　ロ短調　Op. 25-10

Scherzo b-moll Op. 31
スケルツォ　第2番　変ロ短調　Op. 31

※「Op.」とはラテン語の「opus」（作品）の略称

技で捩じ伏せるショパンコンクール1次予選

ＤＶＤ予選、予備予選を潜り抜け、ようやく1次予選にたどり着いたとき、今までとはまったく別物の気持ちを抱えていた。予備予選までは心のどこかで選択を誤ったのではないかと揺れていた。１次予選ではそんな気持ちは吹っ飛び、とにかく「反田恭平はここにいるぞ！」ということを伝えなければならない、今まで培ってきた技術をすべてぶつけてやろうと予選に臨んだ。

そんな気合いで臨んだ1次予選1曲目に選んだのは、ノクターン（夜想曲）。日本語で「夜を想う曲」と訳すとおり、ノクターンは、夜に蠢《うごめ》く感情や切なさなど、様々な色を持っている作品が多い（一日の流れのふとしたときに聴く）。その瞬間に湧き出る感情を味わうことがノクターンの醍醐味だ。その中でもショパン初期、中期のノクターンは「暗い」や「悲しい」、はたまた「明るい」と、作品ごとに性格が違い、メロディーがきれいに聞こえてくる。後期、晩年になるとショパンの想う夜は深くなっていく。「音楽の父」と評されるバッハを非常に尊敬していたショパンは、バッハの演奏技法を取り入れた上で変化させていく。新たな演奏スタイルを身につけたショパンは湧き上がるアイデアで、技術的にも心情的にも難易度の高い新たなノクターンを作っていく。何十曲とあるショパンのノクターンの中から「第17番、作品62－1」という晩年に作られた作品を選んだのは他でもない。難易度が高く、表現の幅をもたせづらいこの曲で反田恭平「の」ノクターンを聞いてもらいたかった。そしてこの17番は僕がロシアで最初に習った作品なのだ。当時、習っていたミハイル・ヴォスクレセンスキー先生は1935年生まれで80歳を超えている。彼の先生は第1回ショパンコンクールの優勝者。そのような脈々と流れるルーツがあるからこそ、この曲を選んだ。朝10時からコンクールがあっても、まるでそこに美しいお月様が光り輝いているかのような幻想を、審査員の心に抱かせなければならない。僕が想うショパンの夜を感じてほしい。

2曲目に選曲したのがエチュード（練習曲）10－1。ショパンは27曲ものエチュードを作り上げている。比較的難しい曲が多いのだが、その中でもこの10－1というのはフィギュアスケートで言うところの4回転ジャンプのような、とにかく難易度の高いF難度の曲である。技巧、テクニック満載の難しいエチュードだ。このエチュードの難しさは左手の音が非常に少ない代わりに右手の音数がとてつもなく多いことにある。一個一個打鍵しながら鍵盤を行ったり来たりしなければいけない。弾き終わると右手に乳酸が溜まって疲労感が重くのしかかってくる。

3曲目も立て続けにエチュードを選んだ。25-10というエチュードは10-1とは打って変わって両手を広げて親指と小指を固定させながら手首で上下させて、延々と6分間弾き続けるという難曲だ。手をいっぱいに広げなければいけないので、手が比較的小さい日本人には不利に働く。ところが、幼少期にケガをした経験がここへきて味方をする。手首を骨折し腱が切れたことによって人よりも手が大きく開くのだ。

F難度のエチュードを続けて2曲プログラムに入れこんだ。審査員は何を思うだろう。

「このピアニストのテクニックは素晴らしいね。では音楽性は果たしてどうなのか」

もし初期に書かれたB難度のノクターンだったら、「まだ音楽的には浅いな」と思われてしまう。ここはアイデア勝負。敢えて難易度の高いノクターンを選ぶことによって、僕のショパンの理解度、分析度、抒情性がより明確に伝わる。ノクターンの分析能力とエチュードの技巧をバッチリ見せつける。これで審査員の心に強い印象が残るだろうと確信した。

1次予選の最後は、審査員ではなく、ワルシャワの聴衆のためにスケルツォの第2番を選んだ。スケルツォとはイタリア語の「ｓｃｈｅｒｚｏ」（明るくおどけた諧謔曲）であり、速いテンポの三拍子で進む。ショパンが書いた中では、あまりにも有名すぎる作品だ。有名すぎる作品だからこそ、聴衆一人ひとりの固定観念というものがある。聴衆の受け取り方の「ちょうど良い」地点をさぐるのが難しかったが、「これが反田色だ。反田はショパンのスケルツォを、こういうふうに解釈してみせた」と印象づけたかった。

エチュード2曲を含む前半の3曲は、審査員にターゲットを絞って選んだ。最後に弾いたスケルツォは、ワルシャワの聴衆に気に入ってもらい、ワルシャワでファンを獲得するために選んだ曲だ。作戦は功を奏し、無事1次予選を突破した。

［2次予選］
SECOND ROUND

Walc F-dur Op. 34 nr 3
ワルツ　第4番　ヘ長調　Op. 34-3

Rondo à la Mazur F-dur Op. 5
マズルカ風ロンド　ヘ長調　Op. 5

Ballada F-dur Op. 38
バラード　第2番　ヘ長調　Op. 38

Andante spianato i Polonez Es-dur Op. 22
アンダンテ・スピアナートと華麗なる大ポロネーズ　変ホ長調　Op. 22

審査員に捧げるショパンコンクール2次予選

コンクールに入る前から、1次予選の結果次第で、自分の演奏スタイルを大きく変えようとシミュレーションしていた。5年に一度開かれるたび、ショパンコンクールの審査員は入れ替わる。その年によって、時代の流れによって、コンクールの傾向と審査員の好みは変化する。

2015年のコンクールを分析すると、オーソドックスなショパンが多い。2010年のコンクールは、個性的なキャラクターを強く打ち出すショパンが多かった。1次予選が終わった段階で「今回のコンクールは2015年ではなく、2010年に近いな。皆キャラクターが濃い」と気づいた。

2次予選を勝ち抜くためには、プランAでいくべきだと思った。自分の個性を大事に、国立モスクワ音楽院からポーランドに渡って学んだ王道のリズム感や抑揚を出す、というプラン。王道を攻めるといっても、オーソドックスで保守的になりすぎるのも良くない。「反田恭平はここにいるよ」と存在感を訴えかける演奏方法でピアノを弾く必要があった。

プランAしか準備していなければ、コンクールの途中で路線を変更することはできない。本番で使うかどうかは別として、プランAだけでなく、プランBもプランCも準備していた。いくつもの作戦を手の内にもっていれば、現場の判断によって柔軟に作戦を変更できる。

プランAでいくと決めたあとは、「十八番《おはこ》」と言ってもいい自信のあるレパートリーによって、2次予選で一気にストーリー性を生み出すことにした。

同じ調性の作品を3曲もボンボンボンと並べるのは、かなりリスクが大きい。へ長調の曲を3曲も続けたら、下手をすれば審査員を飽きさせてしまう。フレンチのコースなのに魚、魚、魚と連続して出てくるようなものだ。

同じ魚料理を続けるのではなく、ものすごくおいしい鮮魚のカルパッチョが出てきたあと、煮込みの魚料理が出てくる。鱗焼きの魚も出てくる。同じ魚でも趣向を変えて工夫すれば、客は飽きることなくすべてのプレートを楽しめる。審査員の立場になって、選曲を慎重に考え抜いた。

コンサートは40分（前半あるいは後半）、あるいは1時間半（休憩を挟んだ2セット分）で聴き終わる。ショパンコンクールには何十人というピアニストが参加するわけだから、同じ曲を連日10回も20回も聴かなければならない。審査員だって人間だから、同じ曲を連続して聴かされたら集中力が途切れ、疲れもするだろう。

リクライニングソファのようなゆったりした座席ならいいのだが、会場であるポーランド国立ワルシャワ・フィルハーモニーホールの硬いイスに何時間も座り続けてろくに身動きもとれない。御高齢の審査員が一日中座りっぱなしで音楽に聴き入るのだから、エコノミー症候群のように苦しく、体調が悪くなることもあるだろう。

そんな審査員の気持ちになって、プログラムを細部まで考え抜いた。ただ完璧に演奏するだけではなく、構成力と分析力を駆使してプログラミングして「おっ、このピアニストは、ほかの人とはひと味もふた味も違うぞ。こいつは本物かもしれない」と、ハッとさせたかった。だからこそ、へ長調の曲を敢えて3曲並べ、おのおのにストーリー性を生み出そうと考えたのだ。

2次予選で最初に弾いたのは、猫のワルツだ。冒頭から猫がジャンプしている描写がすごく丁寧に表されており、猫特有の柔らかさやしなやかさが、この曲で表現したいポイントになる。ショパンが生きた時代は猫や犬を飼っている人たちというのは貴族であったり、裕福な人が多かった。ショパンはそういう人たちにレッスンをしたりもしていたからこそ、気品のある猫を題材としたワルツを完成させたのだ。

実は猫のワルツはショパンの曲の中でもさほど有名ではない曲の一つだったが、あるピアニストがこの曲をブレイクさせる。ショパンコンクール前に特別レッスンをしてくれた先生でスタニスラフ・ブーニンというロシア人ピアニストがいる。彼は1985年第11回ショパンコンクールで1位に輝き、日本でもブーニンブームを巻き起こした。そのブーニンが日本でブレイクしたきっかけの曲が猫のワルツだった。ブーニンに敬意を表しながら、会場の観客が沸いてくれるのではないかと考え選んだのだ。

猫のワルツの次にはマズルカ風ロンド（輪舞曲、回旋曲、舞踏曲）を弾いた。マズルカというのは三拍子が特徴のポーランドの民族舞踊、舞曲を指す。日本人にとっての正月の定番曲「春の海」のような曲だ。これを聞けば和を感じ、正月の空気を感じられる。ポーランド人にとっては、マズルカこそがそういう曲だ。この会場にいるポーランド人にとっては慣れ親しんだメロディーなのだ。

この曲はショパンが10代のころに書いた初期の1曲だ。ショパンというと気難しくて体が弱いというイメージの人も少なくないと思うが、実はそれだけではない。ショパンの日記や手紙を読むと、非常にユーモアがあって、ブラックジョークも言うような無邪気な少年であった。休暇ができると、地方へ行って乗馬を楽しんだり、旅をするような明るさをもち合わせた人物であった。マズルカ風ロンドも休暇の旅で生まれている。

老若男女問わず、円になってぐるぐると手をつないで踊っている人たちを旅先で見たショパンは、その光景にとても風情を感じてマズルカのことを非常に気に入った。まだ学生だったショパンは創作意欲に満ち、「未開のジャンルをこの手で作り上げたい」という意欲に燃えていた。そこで、このマズルカが持つ風情をロンドにも取り入れてみようと試みて生まれたのがマズルカ風ロンドだ。

マズルカ風ロンドという曲はコンクールではあまり弾かれない。ポーランドに思いを馳せることができる素晴らしい曲ではあるが、技術的にも正確に弾くことがとても難しいのだ。なかなか弾かれない曲だからこそチャンスがあるなと思っていた。実はこのマズルカ風ロンドは、他の曲と比べてほとんど練習していない、選曲した曲の中で最後に譜読みをした曲だった。それでもマズルカ風ロンドという曲は、弾かずとも自分に合う曲だと直感していた。「ポーランドに住まう人々に感謝を伝えたい」という気持ちで選曲したのだ。実際に弾くと、「ソロの曲で一番良かった！」とパレチニ先生から評される演奏ができた。

3曲目にバラード第2番という14歳から弾き続けている曲を弾いた。この曲は、諸説あるが、詩（ポエム）からインスピレーションを受けて書かれており、牧歌的な情景から始まる。そこからシーンは転回し、雨雲とともに嵐がやってくるのだ。穏やかさと、人間に牙を剝《む》いて災害を引き起こす恐ろしさという、自然がもつ二面性を表現するのがバラード第2番のポイントになる。加えて第2番は四つあるショパンのバラードの中で唯一、フェルマータ（音を伸ばせ）という記号が（曲の終わりに）ない特殊な曲だ。余韻と含みをもたらすフェルマータがなぜ第2番にはないのか？　僕は夢から突然目覚めるあの瞬間、現実と理想を切り離される虚しさをショパンは表現したかったのではないかと解釈した。

ピアノに真剣に取り組み始めたときから弾き続けているバラード第2番には思い入れが強い。この曲は父を説き伏せるためにコンクールに出場していたころ、十八番として弾いていた曲でもある。当時から、将来ショパンコンクールで弾きたいなという小さいあこがれがあった。またこの曲を引っ提げて次々と1位を獲る姿に、母からも冗談で「あなたがショパンコンクールに出るときはこの曲を弾いてね」と言われていたのだ。

ここまでの3曲は同じヘ長調の曲で構成してきた。単調に聞こえかねないプログラムを動物→人間→自然界とうまく色を塗り替えていけば、飽きることなくプログラムを楽しめる。テーマ設定を工夫すれば、ヘ長調の音色が驚くほど自在に変化するのだ。

ポーランド出身のショパンは、20歳を最後にワルシャワを離れる。後半生はウィーンを経て、パリやスペイン等で活動した。2次予選では、ショパンがポーランドにいたころ書いた初期から中期の作品を取り上げた。若いころショパンが抱いたポーランドへの思いを、自分なりに表現しよう。この作戦がうまくいった。

映画「戦場のピアニスト」のポロネーズ

2次予選の最後に選んだポロネーズは、それまで3曲連続で続いたヘ長調とは調性が異なる（変ホ長調）。ポロネーズというのは、祝典的要素がある。たとえば、ポーランドの中学校や高校では卒業式でポロネーズを踊る。何か良いことがあったときの幸せな踊りというのがポロネーズの特徴だ。特にショパンの初期のポロネーズというのは喜びや幸福という要素が非常に多い。この曲は僕が初めてオーケストラと弾いた思い入れのある曲だ。ポーランドのオーケストラで、ポーランド人の指揮者で、そしてポーランド出身のショパンの「アンダンテ・スピアナートと華麗なる大ポロネーズ」という曲だった。

2次予選の4曲はいずれもすべて明るい長調だ。ショパンの醍醐味は、哀愁であり暗さだろう。そこが人々の琴線に触れたりする。2次予選では、敢えてショパン特有の哀愁と暗さを徹底して消した。

映画「戦場のピアニスト」は、2003年のオスカー（米国アカデミー賞）で監督賞と脚色賞、主演男優賞に輝いた。2002年のカンヌ国際映画祭ではパルムドール（最高賞）を受賞している。大きな賞を総なめにした素晴らしい映画だ。この映画のエンドロールで、僕が2次予選で弾いたポロネーズが流れる。

主人公は、ユダヤ系ポーランド人のピアニストだ。彼は第二次世界大戦中、ナチスに目をつけられてしまう。「お前はピアニストなのか。ドイツ軍の前でピアノを弾いてくれ」と言われてピアノを披露し、生き残ることができた。だが家族は収容所に送られ、毒ガスによって皆殺しにされてしまう。

破壊されたワルシャワの街を一人、徘徊していると、ピアノが置かれたレストランにたどり着く。そこで食糧を探していたら、運悪くドイツ軍の将校に見つかってしまった。ここでも「君はピアノを弾けるのか」と言われ、彼はピアノを弾く。演奏を聴いた将校は感動して、彼を見逃してくれた。この話は、ウワディスワフ・シュピルマンというユダヤ系ポーランド人のピアニストが体験した実話だ。

戦争が終わったあとの時代に、彼は華やかに舞台に戻ってきてポロネーズを弾く。公開当時、映画館でこの映画を観て感銘を受けた。エンドロールで流れてきたポロネーズを聴いた瞬間「あっ、これはショパンコンクールが開かれる国で作られた曲だ」と気づいた。

しかもエンドロールで流れた音楽の収録場所は、ショパンコンクールの会場、ポーランド国立ワルシャワ・フィルハーモニーホールだった。「いつかあのステージでこの曲を弾いてみたい」。映画「戦場のピアニスト」を観て以来、ずっとあこがれを抱いてきた。だから2次予選のプログラムに、この曲を加えたのだ。

感慨深いことに、「戦場のピアニスト」で主演を務めたエイドリアン・ブロディの演奏吹き替えをやったピアニストが、今回のショパンコンクールの審査員だった（ポーランドのヤーヌシュ・オレイニチャク）。そんなことはまったく予想もせず、「戦場のピアニスト」で使われた音楽を選んだのだ。

大好きな映画音楽を奏でた本人の前で弾くとなると、より一層意欲が湧く。本家本元の前で、自分がもつすべての力をこめてピアノを弾いた。

己の心との対話

実は１次予選が終わったあと、メンタル面がメチャクチャに揺らいで精神が不安定になっていた。１次予選の４曲はある程度自分が思うように弾けたのに、心が歪んで性格が変わってしまったように思えたのだ。たった一回のコンクールによって、今後の人生の行き先が大きく左右されてしまうかもしれない。大失敗すれば、これまで築いてきたピアニストとしての実績が水の泡となってしまう可能性すらある。

恩師ピオトル・パレチニ先生に「もうやめたいです」とメールを書き始めた。日本で応援してくれている友だちにも泣きを入れた。先生からも友だちからも「あきらめるのはまだ早い。今苦しいのはみんな同じだ」「もうちょっとだけ待て。今は辛抱のときだ」と支えてもらった。それぐらい僕の心は崩壊寸前だった。

2次予選の2、3日前には、恐れていた最悪の事態が訪れた。自分は今クラシックを弾いているはずだ。ましてや、ワルシャワへ留学してからずっと弾き続けてきた大好きなショパンを弾いている。なのに、まるでジャズでインプロビゼーション（即興演奏）やジャムセッションをやっているかのように、譜面を無視して演奏がグシャグシャに乱れてしまったのだ。

自分でも、どうしてこんなことになっているのか言葉で整理できない。気持ちと頭が一体化しておらず、ゲシュタルト崩壊（自我が別人格のようにバラバラに崩壊する現象）が起きてしまったかのようだった。

親しい友人から「いったんピアノから離れてみたらどうか」と勧められた。コンクール期間中に一回もピアノを弾かない日があるなんて、本来であればありえない。1日でも練習を休めば、運指は鈍るし勘も鈍る。でも、あのときの僕には、体の底から「ピアノを弾きたい」「ショパンを弾きたい」と思うまで、ピアノをまったく弾かない時間が必要だった。そこで1日半だけ、ピアノからも音楽からも完全に離脱したのだ。

その1日半はお酒を飲んでゴロゴロし、ゲームをやったりNetflixで映画を観たりしながらのんびり過ごした。ショパンコンクールに挑むピアニスト反田恭平ではなく、27歳の普通の人間に戻って心と体をリセットする必要があった。普通の27歳に戻った1日半は様々な思いを巡らせた。父に言われた通りにサラリーマン人生を送っていたら、自分は何をしているのだろうか？　サッカー少年だった幼きころの自分は今の自分を見てどう思うのだろうか？　ここまでの二十数年間、ショパンと心を通わせることだけに注力してきたけれど、この1日半は自分と心を通わせた。

［3次予選］
THIRD ROUND

Mazurki Op. 56
三つのマズルカ　Op. 56

Sonata b-moll Op. 35
ソナタ　第2番「葬送」　変ロ短調　Op. 35

Largo Es-dur “Bo e, co Polsk” (harmonizacja dawnej wersji pie ni) Op. posth.
ラルゴ（聖歌）　「神よ、ポーランドをお守りください」　変ホ長調
Op. posth.

Polonez As-dur Op. 53
ポロネーズ　第6番「英雄」　変イ長調　Op. 53

※「posth.」とは英語で「posthumous」（死後）の略。つまりショパンの遺作

ワルシャワ市民を敬するショパンコンクール3次予選

３次予選は打って変わって大人の雰囲気が漂うようなプログラムで構成した。今回弾く「三つのマズルカ」はショパン晩年の作品であり、ソナタ第2番はすごく脂の乗った中期の時代に書かれた作品だ。ラルゴ（聖歌）「神よ、ポーランドをお守りください」は「ショパンの遺作」だし、ポロネーズ第6番「英雄」はショパン後期の作品だ。

なぜ3次予選をこういう組み立てにしたのか。２次予選では、ショパンの音楽家人生の中で初期から中期の作品を取り上げた。後期、晩年の作品も表現できなければ、ショパニストとは言えない。３次予選では、ショパンの人生の総仕上げにあたる時期に選曲を特化した。いわば「大人のショパン」にフォーカスを当てた。

マズルカはショパンが初期から亡くなる直前まで書いていて、ショパンにとって本当に大切なジャンルになっていた。20歳を迎えた１８３１年9月中旬、ショパンはワルシャワを離れてパリに移住する。彼は20年間パリで生活し、人生の終わりはパリで迎えている。ポーランドに帰りたくても帰れない複雑な心をもったまま、ポーランド人である気持ちを忘れなかったショパンの、望郷のキーワードの一つがマズルカだった。人生を通してマズルカを書き続けるということはショパンのポーランドへのある種の執念すら感じる。この「三つのマズルカ」というのは、何十曲もあるショパンのマズルカの中で、最も難しいと言われる曲だ。ショパンのマズルカはこれまでたくさん弾いてきたが、その中でもとりわけ自分にしっくりくるような作品だった。この曲をポーランドで生活する人々に捧げる思いで演奏した。審査員の方々にも高く評価されたのはプロの演奏家としても光栄だった。

マズルカのあとに選んだのはソナタ第2番「葬送」だ。「葬送ソナタ」「葬送行進曲」とも呼ばれるこの曲は、読者の皆さんも何度も聴いたことがあると思う。ショパンが死を意識した時期に書いたこの曲は、曲調が非常に暗い。先の見えないコロナ禍が延々と続く2021年10月の世相に、「葬送」は見事にマッチすると思った。アーティストが何を思い、このコロナ禍においてどのように「葬送行進曲」を演奏するのか。世間の声に耳を傾け、心をこめて「葬送」を弾いた。

「神よ、ポーランドをお守りください」という副題のついたラルゴ（聖歌）は、僕にとって思い出深い一曲だ。ワルシャワで留学を始めた2017年当時、街のそここに「音が鳴るベンチ」があった。イスが大理石でできており、ボタンを押すとその地にゆかりのあるショパンの曲が流れる。教会の近くにあったイスには「ショパンはこの教会に通っていました」と文字が彫ってあり、当時書かれた曲が流れるのだ。

興味をもった僕は、「音が鳴るベンチ」を探し歩いてはボタンを押して次々と音楽を聴いてみた。いわゆる聖地巡礼だ。そのとき初めて聞いたのがラルゴ「神よ、ポーランドをお守りください」だ。ショパン通でもほとんど知らないマイナーな曲のため、「これは本当にショパンが作った曲なのかな」と首を傾《かし》げた。楽譜でもA4用紙1ページに収まるわずか2分程度のこの曲は、ショパンコンクール事務局から「今まで弾いた人がいないのですが、この曲で合っていますか？」と確認のメールが来たし、審査員の一人も「この曲は知らない」と言っていたほどだ。僕はプログラム構成時から誰も弾いていない曲を入れようと考えていた。審査員も何日間にもわたってショパンの音楽を聴いているからどこかで飽きが必ずくると踏み、彼らの耳を刺激したいという企みもあった。一応、もうちょっと広い視野でも考えていて、会場にいる聴衆であったり、YouTubeで見ている視聴者たちに「ショパンにはこういう曲もあるんだよ」と知ってほしかった。

「音が鳴るベンチ」でラルゴに出会い、調べてみると、たしかにショパンが書いた曲だった。ショパンは小さいころ地元の教会に通っており、そこで友だちとコーラスをやっていた。教会にはオルガンもあった。

後半生のショパンは、戦争のせいで故郷に帰りたくても帰れなかった。幼いころ口ずさんだ懐かしい聖歌を思い出して作ったのが、このラルゴだ。この曲には、ポーランド人にとってとても馴染み深いメロディーが書かれている。ポーランドにはキリスト教の教会がたくさんあり、毎日のようにミサが行われている。フラッと教会に入ると、膝をついて神にお祈りしている人が必ず目につく。

ワルシャワでそういう光景を毎日見てきたから、ショパンがどういう気持ちで曲を書いたのか、イメージが生き生きと湧いた。この曲を弾けば、ポーランド人に「反田恭平というピアニストは、我が国を心から愛してくれているのだ」というメッセージが伝わると思い、プログラムにラルゴを加えたのだ。

コロナ禍で弾いた「葬送」と「復活」

20年間自分の祖国に帰ることができなかったショパンは、39歳という若さでパリで息を引き取る。彼は「自分の心臓をポーランドに持ち帰ってくれ」という遺言を残した。遺言どおり、ショパンの心臓はポーランドの教会に埋葬されている。

170年以上経っても彼の心臓は腐らない。コニャックらしき強烈なお酒に漬けられているからだ。DNA鑑定の技術が発達している今であれば、ショパンの本当の死因が何だったのか調べられる。肺結核が死因だと長く語られてきたわけだが、死因は別なのかもしれない。ポーランドの一部の人は「心臓をDNA鑑定に回すべきだ」と主張している。

いずれにせよ、夭折《ようせつ》したショパンの心臓が今も故郷に保存されているという事実が重要だ。ポーランドの人々にとっては、その心臓が今もドキドキ鼓動を刻んでいるように思えるのだろう。そんな思いを汲み取りながら、3次予選のラルゴも真剣に弾きこんだ。

ちなみにソナタ「葬送」の最後に鳴らす音と、ラルゴの1発目に鳴らす音は同じ音だ。両者はまるでしりとりのようにつながっている。さらにラルゴの最後の音と、「英雄」の最初の音も一緒であり、これまたしりとりのように連なる。

ソナタ「葬送」はあまりにも暗く、絶望的なまでにどんよりした曲調だ。その暗い和声（和音の連なり）も、ラルゴ「神よ、ポーランドをお守りください」の明るい和音との連なりによって彩りが増す。

ポロネーズ「英雄」には「復活」という意味あいがある。コロナによって世界中で多くの人々が亡くなり、死に直面した人にも家族にもあまりに苛酷な状況だ。「それでもポーランドの人々よ、懐かしきラルゴを口ずさみながら初心に帰り、英雄ポロネーズを聴きながらもう一度立ち上がろうではないか」。ポーランドで暮らす国民みなに「死へ向かう道から復活しよう」と希望を抱いてほしい。そんな思いをこめて練り上げたのが、3次予選のプログラムだ。

20代の若者がこういうプログラムを考えれば、熟練した審査員にはすべて意図が伝わる。事実、コンクールに続いてガラ・コンサート（受賞者が演奏する記念コンサート）が終わったあと、ある審査員から3次予選のプログラミングをすごく褒められた。「君はクレバーだ。ショパンコンクールの分析をよくやったね。あの3次予選の曲目はすごかったよ」

何よりもうれしかったのが会場の拍手の長さだ。僕がステージを捌《は》けたあとも2、

３分ほど拍手が続いた。最後にポロネーズを弾いたことによって、会場から感謝のようなものを肌で感じた。さらに、審査員が拍手しているのも見えた。コンクールが終わり、落ち着いたときに改めてアーカイブ映像を見たが、全参加者の中で一番多くの拍手をもらっていたのだ。

３次予選の一音目で訪れた最大の危機

こう言うと、３次予選は思い通りに演奏できたように思われるかもしれない。しかし、実は３次予選の直前、再び弱気が頭をもたげていた。コンクールというのは残酷なものだ。いくらうまく演奏しようが、審査員の価値観一つで落とされてしまうこともある。それがいつ自分の番になるのかわからない。

メンタル・コントロールに失敗して、本番で自分が思ったとおりの演奏ができない可能性だってある。自分の実力を出しきれず、満足できない演奏で終わってしまったら、いくら後悔してもしきれない。

２次予選が終わった直後は「あれだけうまく弾けたのだ。３次予選もきっとうまく弾ける」と思っていた。でもその予想は甘かった。

1曲目の「三つのマズルカ」は、僕の中で十八番中の十八番の一曲だ。事前のレッスンでは、ポーランドの先生からも「もう何も言うことはない。君はまるでポーランド人が踊っているようにマズルカを弾くね」という最高の褒め言葉をいただいていた。

3年もかけてさんざん練習を重ね、目を瞑《つむ》って居眠りをしながらでも無意識のうちに弾けるほど自信があったのに、その十八番の曲を弾こうとしたときに指が震えてしまった。あまりにも緊張しすぎて、手に握力がちっとも入らない。極度の緊張とプレッシャーによって、頭の中がフリーズした。ショパンコンクールのステージで弾いているという感覚を失ってしまうほど、頭の中がモヤでぼやけてしまった。まるで悪夢にうなされた寝起きのような状態だった。

3次予選のためにイメージトレーニングを重ねてきたが、理想があまりにも高すぎて、本番で筋肉が硬直してしまったのだ。そんな状態で出した一音目は、イメージトレーニングとの落差があまりにも激しすぎた。「オレはこんな音を出すためにここに来たわけじゃない」。マズルカの5分間は最悪のメンタル状態だった。

「しまった。これはまずい。まずいぞ」と時間が進むにつれて焦りが募り、「この曲はもう捨てよう」とスパッと気持ちを切り替えた。45分間のステージのうち、たった5分を捨てたって構わないと割り切ったのだ。冒頭の乱れたメンタルのまま次の曲に入っていたら、3次予選の最後までまずい状態を引きずっていたと思う。

コンクールがすべて終わったあと、審査員からこう言われた。「君はマズルカの冒頭で大失敗したと言うけど、私にとっては3次予選の演奏が一番良かったよ」「君は3次予選について悲観的だけど、ワルシャワの聴衆はそんなことは全然思ってないよ」

あのときステージ上で「しまった。しくじった」と絶望したのは、ひょっとすると僕の思い過ごしだったのかもしれない。でもその杞憂にズルズル引っ張られていたら、僕のショパンコンクールは3次予選でついえていた。

コンクール3次予選終了後に流した絶望の涙

3次予選一発目のマズルカで緊張したことは、自分の中でショックが大きすぎた。2曲目以降は自分本来の演奏に持ち直したものの、1曲目のつまずきはあまりにも痛すぎる。

演奏者は予選が終わるたびに、30分間メディア各社のインタビューを受けなければならない。今でもYouTubeに映像が残っているが、3次予選が終わった直後の僕はこう答えた。

「今まで応援してくださった皆さん、ありがとうございました」

次にファイナルが残っているというのに、「もうこれでおしまいだ」と言わんばかりだ。

演奏後、すぐにピオトル・パレチニ先生からメッセージが届いた。

「素晴らしい演奏を聴かせてくれてありがとう」

すぐ先生に返事を返した。

「今回のショパンコンクールは、先生のために感謝の思いをこめて弾くと決めていました。ショパンを世の中に広めるために、僕は一生懸命ピアノを練習してきました。にもかかわらず、あんな演奏をしてしまって本当に申し訳ないです」

先生はすかさずフォローしてくれた。

「そんなことないよ。素晴らしい演奏をありがとう。すごく良かったよ。君のステージが終わってもなお、深い感動が残っています。なぜ君がそんな感情を抱いているのか、私にはわかりません。顔を上げなさい。笑顔になりなさい。自信をもって今すぐファイナルのコンチェルトの曲を練習し始めなさい」

すべてが終わったと悟っていた自分には先生のどんな言葉も届かなかった。

僕に続いて、角野隼斗さんが3次予選の演奏を弾く。「がんばってね」と一言かけることすらできず、角野さんがピアノを弾いている間ずっとホールの外にいた。

「ああ、ショパンコンクールが終わってしまった……」

ワルシャワの空になびく各国の国旗を眺めながら、涙が滝のように流れて止まらない。僕はこのとき、ショパンコンクールと別れの挨拶を済ませた。

伝説のピアニストたちから次々と届いたメッセージ

「3次予選結果発表の瞬間をカメラで撮りたい」

テレビ局からのオファーを断り、ホテルの部屋の中、一人で結果発表を見守った。

通常、3次予選からファイナルに進出できるのはきっかり10人だ。だが、今回はファイナリストが12人に増えた。２０２１年大会のレベルが極めて高く、拮抗《きっこう》していた証だ。

ファイナルに進めるピアニストが、アルファベット順で呼ばれていく。脳はあきらめていたが全身から脂汗が噴き出る。

「あれ、もうそろそろ11人目か12人目じゃないか。まだ自分の名前は呼ばれていないぞ……」

焦った瞬間、アナウンス担当者の口が「ＫＹＯＨＥＩ」の「き」の音を言おうとしているように見えた。「Ｋ」で始まる名前は、３次予選参加者の中にはほかにいない。その瞬間、自分がファイナリストに選ばれたことがわかった。12人目の発表だった。まだあの舞台で弾けるのだ！　ファイナル出場が決まった瞬間、部屋のベッドの上でポロネーズを踊りまくり、歌を歌いながらめちゃくちゃに飛び跳ねた。

それから、喜びと興奮が連鎖する。翌日、関係者をはじめ、人づてで歴代の覇者たちから祝福のメッセージが届いた。

第９回大会（１９７５年）の優勝者であるポーランドのクリスチャン・ツィメルマン、第11回大会（１９８５年）で優勝したロシアのスタニスラフ・ブーニン、第15回大会（2005年）の優勝者であるポーランドのラファウ・ブレハッチから、続々と祝福のメッセージが届いた。クリスチャン・ツィメルマンは、3次予選の僕の演奏についてこう絶賛してくれた。

「君の英雄ポロネーズは本当に素晴らしかった。自分の信じる音楽をやりなさい。君のポロネーズは全参加者の中で一番のポロネーズだったよ」

1980年代後半に日本で「ブーニン現象」を巻き起こしたスタニスラフ・ブーニンからは、ドイツ語でメッセージが届いた。

「おはよう。反田君のワルシャワでの演奏を楽しみました。あなたが元気であることを望んでいます。あなたの演奏は単に楽しかっただけでなく、音楽的にとても素晴らしかった」「あなたの演奏を聴いて、私はリヒテルを思い出しました」

スヴャトスラフ・リヒテルは、「20世紀最高のピアニスト」と言われる世界的なピアニストだ。ブーニンはこうも言ってくれた。

「本当に心からおめでとう。決勝戦でも私たちに最高の希望を！」

歴代のショパンコンクール優勝者から、このような言葉をもらえる機会はそうそうない。ボクシングの世界で言えば、モハメド・アリから祝福と激励のメッセージをもらうようなものだ。

ファイナルの1時間前には、ロシア出身のイゴール・レヴィットからもショートメールで連絡が来た。彼は僕がとても尊敬している、世界で今一番ホットなピアニストだ。

「あなたが今日のパフォーマンスを心の底から楽しめるように、祈っています。あなたはファンタスティックなピアニストだ。僕のすべての指を折って、あなたのために祈っています。がんばってください」

もうファイナルは楽しみで仕方ない。自分が小さいころからCDで聴いてきた世界中のピアニストが、こんなに期待してくれている。あとは自分の信じる演奏を全力でやればいい。人生に一度きりのショパンコンクールファイナルを、思いきり楽しもう。期待で胸がはち切れるほどに高鳴った。

International Chopin Piano Competition

［本選］

FINAL ROUND

Koncert e-moll Op. 11

ピアノ協奏曲　第1番　ホ短調　Op. 11

ショパンと融け合うファイナルラウンド

とうとうショパンコンクールのファイナル（本選）の日を迎えた。この日の午前中、フルオーケストラとのリハーサルがあった。1次～3次予選はピアノ単体の演奏だったが、ファイナルはオーケストラとのピアノコンチェルトだ。だが午前中に行われるリハーサルの持ち時間は、一人45分間しかない。コンチェルトの曲は正味40分だから、一回通しリハーサルをやれば持ち時間は終わりだ。

通常のコンサートだと、リハーサルは2日間ある。まず1日目にリハーサルをやり、反省点を咀嚼した上で、本番前にステージでゲネプロ（通しリハーサル）をやる。つまり普通は一回の本番を迎えるまでに、2回ないし3回通し演奏できるわけだ。

いつもは本番同様のリハーサルを合計3時間やっている演奏者にとって、45分はあまりにも短い。ましてやコンチェルトの経験が少ないピアニストにとっては、何が起きているのかよくわからないままファイナルの本番を迎えることになる。

ファイナルで演奏するショパンの「ピアノ協奏曲（コンチェルト）第1番　ホ短

調」は、この世に存在するすべての曲の中で何よりも大好きな作品だ。この作品を弾ける喜びを、10本の指で表現したい。「僕はこの曲を愛しているんです。心から大好きなんです」という気持ちを強くもつ。「このステージで演奏する喜びを味わうために、ここまでピアノをやってきたのだ。あとは思いきり演奏するだけではないか」。童心に戻り、ただひたすらに音楽を楽しもうと思った。

ショパンのすべてのジャンルが入っている総合曲というのがこのピアノ協奏曲第1番。だからこそ、どの作品よりも難しいと思う。このコンチェルトは人間の内面や演奏家としての素質が映し出される作品だ。ソリストが温かい心をもっていなければ、このコンチェルトは弾けない。なぜかというと、第三者が介在するからだ。これまでとは違って自分一人が演奏するのではない。指揮者もいてオーケストラもある。ソリストとしてやるべきことは、自分がもっているショパンという概念、ショパンのコンチェルト1番の概念を伝え、ソリスト一人の力だけでオーケストラを変えなければいけない。こういう音を弾いて、こういうふうに弾きたいんだというマインドを強くもっていれば、非科学的ではあるが必然的にオーケストラの音が変わる。逆に、ソリストとオーケストラがまったく別の方向を向いたまま終わってしまうこともある。そういう難しさを通してソリストとして、演奏家としての真価が問われる大一番であった。

ショパンコンクールのファイナルを迎える前、最後にフル編成のオーケストラとともにピアノを弾いたのは2019年11月のことだ。新型コロナのせいであらゆるコンサートが延期・中止になり、それから約2年間にわたってステージではこのピアノコンチェルトは全然弾いていない。

2019年11月にピアノコンチェルトをご一緒したのは、ショパンコンクールのファイナルと同じワルシャワ国立フィルハーモニー管弦楽団だ。しかもそのときの指揮者は、コンクールファイナルと同じアンドレイ・ボレイコだった。

2019年11月のコンサートは、はからずも2年後に臨むショパンコンクールの予行演習となったのだ。ショパンコンクールのファイナルまで進めば、アンドレイ・ボレイコの指揮とワルシャワ国立フィルハーモニー管弦楽団の演奏でピアノを弾くことになる。

「彼の指揮の振り方の癖を、ステージ上で全部余さず頭に叩きこもう」

「アンドレイ・ボレイコがどんなマインドの人物か。どんな性格か。立ち居振る舞いからにじみ出るパーソナリティを全部記憶しておこう」

そんな緊張感をもってステージに臨んだ。その記憶が明確にあったことが、ショパンコンクールのファイナルで生きた。リハーサル時間はたった45分しかなかったものの、２年前のあのコンサートがあったおかげで、ほかのピアニストよりも圧倒的な経験値の差を生み出せたのだ。

本番直前にリハーサルで、マエストロ（指揮者）とオーケストラのメンバーに「僕は本番のステージでこうやりたい」という意思表示を音によって伝えた。ワルシャワ音楽院の恩師ピオトル・パレチニ先生からは「君は本番でこれまで以上の力を発揮する無敵のステージモンスターだ。ファイナルの本番では落ち着いて弾けば問題ない。あまり気持ちが昂《たかぶ》りすぎないように、我をもってしっかり弾きなさい」とアドバイスを受けた。

一音目が鳴り出す瞬間、これまでの予選とは違って、このコンクールで最もありのままの自分でいられた。そして演奏中は、僕の一番好きなコンチェルトをショパンコンクールファイナルという場所で純粋に楽しむことができた。オーケストラと聴衆が共鳴し、ショパンと融け合う夢のような40分間を過ごし、僕のショパンコンクールは幕を閉じた。

世界2位に輝いた瞬間

ファイナルの結果発表は、予定の時間よりも何時間も遅れた。結果発表が出た時間は、夜中の2時か3時になっていた。たった数時間前まで、祭りのように盛り上がっていたホールがシーンと静まり返っている。薄暗い照明が照らすホールの中で、ファイナリストたちは粛々と結果発表を待っていた。

ファイナル出場を決めるまで厳しい予選を勝ち抜いてきた猛者たちであり、いつまでショパンコンクールという時間を過ごせるのか分からない不安定な精神状態のまま、今この結果発表という瞬間までできたのだ。話さずとも皆、戦友のように国境を超えて仲良くなっていた。順位が発表されれば、このコンクールの時間をともにした彼ら彼女らと別れることになる。そして、ようやくショパン以外の曲を自由に弾ける解放感もある。感慨深く、さまざまな思いが詰まった時間だった。

待ち時間が延びるにつれ、皆がぐったりしてきた。マジックを披露して、場を盛り上げてくれるピアニストがいた。なんと表現したら良いか分からないこの時間を共有することで、労いの行動としてお互い肩揉みが始まった。僕が幼なじみの小林愛実さんの肩揉みをしてあげると、イタリアのアレクサンダー・ガジェヴが僕の肩揉みをしてくれる。肩揉みの輪で12人のファイナリスト全員がつながった瞬間、心が一つになった気がした。この束の間の時間は緊張を緩和してくれる素敵な瞬間だった。

そして、とうとう結果発表のときがやってきた。階段を下りて、メディアのカメラマンや記者が待っているところへ歩み寄っていく。ただ階段を下りているだけなのに「ヒューヒュー！」と指笛や歓声が鳴り響き、「ブラボー！」と叫ぶ人もいる。まるでレッドカーペットを歩くハリウッドスターのような扱いだった。

12人のファイナリストの中で、8人の受賞者がいると聞いた。ポーランド語はロシア語と似た言語だから、だいたいは聞き取れる。床が硬い大理石であるせいか、マイクの反響がすごくてアナウンスの声がうまく聞き取れない。発表する人もずいぶん緊張していたらしい。ポーランド語のあとに英語でアナウンスするはずなのに、英語でしゃべるのを途中から忘れていた。発表者の緊張が僕にも伝播《でんぱ》してくる。

第6位から結果発表が始まる。4位が二人おり、「Ａｉｍｉ Ｋｏｂａｙａｓｈｉ」と小林愛実さんの名前が呼ばれた。「おめでとう！」と声をかけ、握手とハグで祝福した。イタリアのアレクサンダー・ガジェヴが、第2位だとアナウンスされた。このとき、入賞を逃したのだ、とわずかな時間で思った。この結果発表を終えてどのような顔をして仲間に会うのだろうか、応援してくれているお客さんにはどう伝えるべきなのか。出発前に想像した事態に直面するかもしれない恐怖と、ファイナルまでこれたことを素直に喜ぶ二つの感情が複雑に交錯していた。

そして次の瞬間、

「〝Kohei〟Sorita」

と、ちょっとなまった発音で僕の名前が呼ばれた。「Kohei」という人が12人のうちにいないのは頭では理解している。しかし、自分がショパンコンクールで何位になったのかもわからない。わけがわからず、動揺して目が泳いだ。すかさず隣にいた4位のヤクブ・クシリック、6位のJJジュン・リ・ブイが「Kyohei、おめでとう！　君は2位だよ！」と教えてくれた。第8回大会（1970年）の内田光子さん以来、実に51年ぶりに日本人としてショパンコンクールの2位に入賞した。僕の選択は間違っていなかった。今まで孤独に苛まれ、虚無感に襲われる日が何度あっただろうか。予備予選会場に向かうタクシーの中で、逃げ出したい気持ちと闘ったあの瞬間を思い出した。とうとう僕は栄冠を勝ち取ったのだ！

結果発表のアナウンスが終わったあと、会場にいた師匠ピオトル・パレチニ先生の姿を探した。先生が満面の笑みで僕のほうを振り向いてくれた瞬間、ドバーッと涙があふれた。

「よくやったね。なんで泣いているんだい。君は立派な2位じゃないか。僕がショパンコンクールに出たときは3位だったんだよ。僕よりも順位が上じゃないか。素晴らしい結果だ。自信をもって笑いなさい。君を教えてきたことを本当に誇りに思うよ。ショパンを弾いてくれてありがとう。本当にありがとう」

僕の人生で最初で最後のショパンコンクールが、こうして幕を閉じた。

第4章

僕が世界で2位を獲れた理由

肉体改造とサムライヘア

コンクールではミリ単位どころか、1ミリ以下の精度で指を動かし、自分が表現したい音色を奏でる必要がある。自分の思うがままに演奏をコントロールし、精密機械のような精度で感情表現を形にするために、大胆な肉体改造が必要だった。自分の肉体を改造しなければ、ショパンの曲に没入し、ショパン自身に憑依《ひょうい》することはできない。

音響設備が完璧に整っているサントリーホールのような素晴らしいホールもあれば、音が反響しすぎるホールも中にはある。日本のコンサートホールは、映画館の座席よりは総じてシートが薄い。シートが薄いということは、それだけ音が吸収されにくくなる。

また、冬場の客席は夏場と違ってモコモコのセーターや上着を着ている人が多い。すると当然ながら、冬場の会場のほうが音がたくさん吸収されてしまう。

海外では、座席が4階まである大きなオペラ劇場や、高い天井まで吹き抜けになっている教会でもピアノを弾かなければならない。こういう会場で、4階の最後列まで届くようにピアノを鳴らし切るのは至難の業だ。条件が微妙に異なる中で、フォルテッシモ（とても強い音）からピアニッシモ（とても弱い音）まで、音の強弱と抑揚を細かく制御する必要がある。

ラフマニノフの身長が2メートルもあったのは有名な逸話だ。ロシアでの留学中も、身長が200センチもあるピアニストと何人も出会った。僕の身長は170センチ、体重は49キロしかなかった。30センチもの体格差は、とてつもなく大きなハンディだ。そのハンディを埋めるためには、増量するしかないと思った。

ピアニストは指が命と思う読者もいるかもしれないが、演奏するときは、目に見えないところで全身の筋肉をくまなく動かして指先をコントロールしている。アスリートと違って、ピアニストは痩せぎすである必要はない。お腹がデップリ太っている体型のピアニストは、とてもふくよかで深みのある音を奏でるものだ。

そこでポテトチップスを毎日1袋食べ続けたり、炭水化物の摂取量を意図的に増やしたりしながら、体を大きくしていった。僕のビジュアルが以前にも増して大きく見えるのは、ショパンコンクールで満足のいく演奏をするために、わざとそうしたのだ。

ただいたずらに脂肪分を増やすだけではいけない。そこでボクシングをやってみたり、スポーツジムに通ってパーソナルトレーナーと一緒に筋トレをやった。普通のピアニストは、筋力トレーニングなんてあまり激しくやらないと思う。僕は格闘家ばりにスクワットをガンガンやった。体幹をグッと支えるために、脚の筋肉を強化しようと考えたのだ。

重たいバーベルも厭《いと》わず上げた。上腕二頭筋や上腕三頭筋が鍛えられて二の腕が太くなり、背筋や大胸筋もどんどん成長していった。ところが、そうすると筋力がなかったころに比べて、音が硬く無機質な印象に変わってしまったのだ。

マッチョ体格はショパンコンクールには向かないことがわかったため、一度筋肉をつけたあと、筋トレをやめて体に脂肪を蓄えていった。握手やハグをしたときにふくよかでフワフワした感触がある状態のほうが、ショパンの温かみと深みがダイレクトに伝わることがわかった。

本番直前には、炭水化物をたくさん摂取することも心がけた。ショパンコンクール会場近くで拠点としていた宿には、お米と炊飯器を持参して部屋で白米を炊いた。朝10時から演奏が始まるとすれば、12時間前の前日夜10時に炭水化物をたくさん食べる。すると寝ている間に炭水化物が消化されてエネルギーに変わり、演奏中に爆発的な力を発揮できる。糖分が十分補給されていれば、頭の回転も速くなる。

加えて、一発で存在を認識してもらおうと髪の毛を伸ばした。髪の毛をオールバックにして額を表に出し、後ろで結わえる「サムライヘア」にしたのだ。

トム・クルーズの映画「ラスト サムライ」のおかげで、昔の日本人がチョンマゲを結っていたことが有名になり、「Samurai」は世界共通語になった。「サムライピアニスト」として自分を認識してもらい、「おもしろそうなピアニストだな」と聴衆の興味を惹きつける。ステージ上で大勢の審査員や観客から注目を浴びる以上、現代のピアニストにはセルフプロデュースも必要不可欠な要素になってくる。

父方のおじいちゃんが亡くなる間際、家族の前で「反田家の先祖は武田信玄の家臣だったんだ」と謎めいた言葉を遺した。何やら立派な家紋もあるし、おじいちゃんから古い刀や巻き物を見せてもらったこともある。武田信玄の家臣の末裔《まつえい》ならば、サムライヘアはなおのことちょうどいい（おじいちゃんの遺言が真実かどうか、ＮＨＫの「ファミリーヒストリー」に調査してほしいものだ）。

「正」の字で分析したショパンコンクール攻略法

無計画で無鉄砲に本番に臨んだところで、確実に闘いに勝てるわけではない。ショパンコンクールに臨むにあたり、おそらく誰もやったことがないであろう、綿密な準備を整えた。２０１０年と２０１５年、過去２回のショパンコンクールの参加者８００人が弾いた曲を全部リストアップしたのだ。

ショパンコンクールでは、ショパン以外の音楽家が書いた曲を弾くことはできない。したがって、調査対象はショパン作曲の音楽だけに限られる。ショパンは生涯に２５０曲を作曲したと言われている。過去10年間2回のショパンコンクールのステージで、延べ４０００回ショパンの曲が弾かれていることがわかった。手書きの「正」の字で集計しながら、４０００回のうちどの曲が何回弾かれているのかリストアップしたのだ。

リサイタルやコンサートでは、個性を最大限に発揮して観客を満足させることが求められる。一方、コンクールでは観客を満足させても高い点数はもらえない。「このピアニストは音楽家としてショパンを見事に解釈している」と、居並ぶ審査員をうならせなければならない。

ショパンコンクールのルールブックを読むと「私たちはショパンの新しい通訳者を探しています」と書いてある。ショパンと真剣に向き合い、21世紀の現在から視線を照射して譜面を解釈する。現代を生きる音楽家として、どのようなプログラムを組み立てて審査員に提示するべきなのか。曲目を選択するにあたっては、ストーリーテラーとしての資質も問われる。

「正」の字を書いて過去のコンクールを緻密に分析するとともに、リサイタルやツアーでショパンを弾きながら、2016〜2017年ごろから自分の中で曲を精査していった。

予備予選と1次予選では、ショパンのエチュードを弾かなければならない。そこで2017年のツアーでは、全曲ショパンのエチュードばかりを弾くリサイタルを10回くらい集中的に開いた。同じコンセプトのコンサートに10回も臨めば、自分の手指がどのエチュードと合うのか、得意分野がわかってくる。本番のコンサートで実際にエチュードを弾きながら、予備予選と1次予選の選曲をプログラミングしていった。

エチュードを弾くばかりでは、2次予選以降の戦略を組み立てられない。マズルカやソナタ、ノクターンも織り交ぜて、選曲の吟味を重ねていった。新型コロナのせいでコンクールが延期されたため、5年もかけてプログラムを精査していったことになる。

どういう選曲が、自分の奏法と表現術にピッタリ合っているのか。なおかつショパンコンクールで勝てる選曲とは、どういうプログラミングなのか。ただ有名な曲を並べれば、コンクールで勝てるわけではない。ほとんど弾かれることがなくなったマイナーな曲を織り交ぜれば、新しいストーリーテリングができる可能性もある。

1次予選、2次予選、3次予選、ファイナルと続くコンクール全体でストーリー性と物語性を見出し、アーティストが何を伝えたいのかを一本串に刺して提示する。プログラミングの妙技、編集の妙技によって、ショパンの見え方は見違えるほど鮮やかになる。こうして長大な時間と労力を注ぎこみ、ショパンコンクール本番での選曲が決まっていったのだ。

憑依と没入のススメ

ショパンコンクールの会場で印象深かった出来事を記しておきたい。１次予選を通過したポーランド人のピアニストが、２次予選の本番直前に僕の近くで控えていた。もうすぐ自分の名前がアナウンスされるというタイミングなのに、顔面蒼白でガクガク震えている。

「かなり緊張している様子だけど、大丈夫かな。彼はこんな状態で本番に臨めるのだろうか……」

心配しながら様子をうかがうと、彼は２次予選の直前に「帰る」と言って棄権して引き揚げてしまった。あとは野となれ山となれでピアノを弾くだけなのに、あまりにも怖くてステージにのぼれなかったのだ。

彼だって僕と同じように、小さなころからピアノを弾きながらショパンコンクールにあこがれ、「いつか自分もあのステージに立ってみたい」と熱望してきたに違いない。恋焦がれる気持ちに等しいほど、灼けつく情熱があふれていたはずだ。

5年、10年、15年……と気の遠くなるような時間、ピアノを練習しまくり、師匠から駄目出しを喰らいながら必死で腕を磨いてきたに違いない。ショパンの譜面を誰よりも読みこみ、譜面の行間に書かれたショパンのメッセージを凝視してきたはずだ。探求者の如く研究に徹し、実践者としてステージに立つ。遠大な努力の先にたどり着いた総仕上げが、ショパンコンクールの大舞台だったはずだ。

にもかかわらず、いざ本番を前にした瞬間、とてつもない恐怖心に足元をすくわれてしまった。ショパンコンクールでは、舞台に立つ者にしか知り得ない魔物と対峙することになる。命をかけて臨んできたはずの一人のピアニストを恐怖で立ち往生させ、不戦敗に追いこんでしまう。あまりにも気の毒な幕切れだった。

ポーランド人のピアニストに対して、ポーランド国内から寄せられるプレッシャーと期待感は半端なものではない。自国が生んだ世界一の音楽家ショパンの名を冠する大会で、世界中のピアニストが腕を競うのだ。自国民のピアニストがトップ3に入り、栄冠を勝ち取ってほしいとポーランド人が願うのは当然だろう。4年に一度のオリンピックで、日本の柔道代表選手が金メダルを期待されるようなものだ。

あのポーランド人の姿を横目で見ながら「日本人で良かったな」と思った。僕がポーランド人であれば、彼のように凄まじいプレッシャーがかかっていたはずだ。

　とはいえ、僕にも強烈なプレッシャーはかかっていた。反田恭平という看板を売り出して宣伝し、全国各地でコンサートを満席にしようと努力してくださっているスタッフや関係者が日本に大勢いる。何より、コンクールで無様な姿を見せれば、日本のファンの皆さんが幻滅して、僕のコンサートを観に来てくれなくなるかもしれない。無数の観客とスタッフから寄せられる期待が、両肩にズシリと重くのしかかっていた。

　もし、コンクールの本番で満足な演奏ができなかったとしよう。だからといって、多くの人々の応援とプレッシャーがのしかかっていることは良い演奏ができない理由にならない。コンクールという特殊な環境においては己の努力不足と割り切らなければならないのだ。

　結局のところ、最大の敵は外部ではなく、自分の心の中に潜んでいるのだろう。自分の心の中に潜む弱さを打ち破り、要らぬ雑音を取り払って徹底的に没入する。音楽の海に全身丸ごと沈みこみ、流れこむ。先ほど述べたように、ミリ単位どころか、１ミリ以下の精度で指を動かし、自分が表現したいショパンの音色を奏でる。作曲家が五線譜に記録したメッセージを真摯に読みこみ、作曲家を自身の体に降ろして音楽に没入する。

俳優は、脚本家が書いた筋書きとセリフを読みこんで記憶し、演出家の指示にしたがって役を演じる。「役に入りきる」「別人格に憑依する」という状態まで集中力を高めたとき、観客は画面の中のドラマがまるで目の前で今起きた事実であるかのように胸打たれ、リアリティに身を浸すのだ。

ドビュッシーの「喜びの島」のように、ルンルン気分で駆け落ちするような底抜けに明るい曲もある。はたまたショパンの「葬送」のように、絶望の淵に立つが如く暗い曲もある。ショパンコンクールの本番で全集中の極致までたどり着き、僕はただただ無心でショパンを弾き、耽った。どんな演奏であろうが僕はこの状態に己をもっていくことで悔いの残らない瞬間に出会えるのだ。

「偽りの自分」のままでは人の心は動かせない

国立モスクワ音楽院へ留学する直前、桐朋学園大学音楽学部の片山敬子先生に師事していた時期がある。高校時代の恩師である川島伸達先生から「僕が教えられることは全部教えた。次は僕が尊敬する片山先生を紹介する」と言われ、紹介していただいたのだ。

片山先生は聖母のような存在であり、怖いくらいに心の中を見事に見抜く特殊な眼力をもっていた。今僕が何を悩んでいるのか。頭の中で何を考えているのか。何も言わなくても手に取るようにお見通しなのだ。「あなたが今考えていること、思い悩んでいること、あなたの人間性が全部演奏に表れるのよ」とよくおっしゃっていた。

だから片山先生のところへレッスンに通うのはとても怖かった。レッスンに恐怖心を抱いたのはあのときが初めてだ。東京郊外の駅で降りて15分ばかり歩くと、丘の上に先生のご自宅がある。街灯が点々としているから、レッスンが終わって丘を下りると、夜景がとてもきれいに見えた。レッスン帰りに疲れて丘の上の階段で座り、夜景を眺めながら「今日はこんなことを言われたな……」と自分を省みる時間を大切にしたものだ。

片山先生からは「技術力を磨くだけでは一流のピアニストになれない」という大切な真理を教わった。これはピアノに限らず、人生万般に通じる大切な哲学だと思う。

片山先生から教えていただいた中で、今も忘れられない強烈なメッセージがある。

「偽りの自分のままピアノを弾くのはやめなさい」

若い時期は、どうしてもカッコつけようとしたり、自分を身の丈以上に良く見せようとしたがる。そんな姿勢はただの虚飾だというのだ。「オレがオレが」とガムシャラにエゴを前面に出すあまり、演奏が突っ走りすぎたり、逆に不必要に遅くなりすぎることもある。

作曲家がどういう思いで譜面を書いたのか。その譜面を読むピアニストが、何を思って邪心なく素直に表現すればいいのか。片山先生がこうおっしゃったことがある。

「ありのままに弾いてごらん」

この言葉は僕の心に強烈に刺さった。そのときの僕は肩肘を張っていて、ありのままにピアノを弾けていなかったのだ。

「自分はどういう演奏がしたいのか。一度冷静になって、胸に手を置いて考えてごらんなさい。一音目が鳴り始めたら、そのまま時の流れのように淀みなく弾く。一度音楽が始まったら、音楽が終わるまで、まるで呼吸するかのように演奏してみなさい」

それまで一分の邪心もなく、ただ無心にピアノを弾いたことなんて一度もなかった。だからアドバイスを受けてハッとした。

「あなたの本当の核は無邪気な子どもでしょう。童心に帰ってピアノを弾いてみなさい」

そうアドバイスされたこともある。

ショパンコンクールの予備予選に臨んだ2021年7月、片山先生から教えていただいた理想の演奏を実践できた。2音分の長さのドを鳴らそうと鍵盤に指を置いた瞬間から、ハンマーによってピアノの弦が弾かれ、振動してうねる様子が頭に思い浮かぶ。音形と音波がどのようにうねり、ハンマーやピアノ弦といった一つひとつの部品がどのように駆動しているのか、目に見えてはっきりわかった気がした。

ドミソの和音を弾いたとき、ワンワンワンと音が振動して、ある一定の時間を過ぎると音形と音波が減衰していく。程よく減衰したころ、次の音を足してあげる。自分の五感を完全に信じ、難なく思うがままにピアノを弾けた。一言で言えば「自在」としか言いようがない感覚だ。

一音目がスタートした瞬間から、音楽が一度も止まらない。物理的に音を切らなければならない休符の場面では、無の時間にも「ゼロの地平」という音なき音が鳴っていた。

「ああ、これがショパンなのか」と初めて知覚した瞬間だった。

明日死んでも悔いがない生き方

２０１８年10月、ロシア・ナショナル管弦楽団の本拠地の素晴らしいホールで、CDのレコーディングをしたことがある。大好きなラフマニノフの「ピアノ協奏曲第３番」だ。

このとき、身の毛のよだつおそろしい事故に見舞われた。重量が何トンあろうかという防火壁が、突然ステージ上に落下してきたのだ。ステージ上にいた僕は、とっさにピアノのフタを閉めて楽器を守った。大切なピアノが危うく全壊するところであり、下手をすれば防火壁の下敷きになって即死していた可能性もある。

大切なコンクール直前に交通事故に巻きこまれ、片手が動かなくなってしまったことがあった。小学生時代には、サッカーの試合中に右手首を骨折したこともある。

わずか27年間の人生を振り返るだけでも、大きな事故を何回も経験してきた。視線を少し外に向けてみれば、何が起こり、どんなとんでもないハプニングに巻きこまれたっておかしくない世の中だ。突然パンデミックが発生し、誰も予期せぬ事態に世界が大混乱に陥る。21世紀は戦争のない時代だと思っていたのに、戦火が勃発して人々が逃げ惑う。

今は元気にピアノを弾けていても、ピアノがまったく弾けない状況に突然巻きこまれてしまうかもしれない。いつ何が起きるかわからない、いつ死ぬかわからないと身構えれば、「明日があるさ」と呑気に構えることなんてゆめゆめできなくなるはずだ。「瞬間瞬間を後悔しないで生きる。今この瞬間、自分が出した音に悔いのない生き方をしたい」

「今日はこれだけピアノを弾けたのだ。もう後悔は何一つない。演奏が終わった瞬間、ステージ上で倒れて死んだとしても本望だ」

極端な話、僕は「いつ死んでもいい」という覚悟で昔からずっとピアノを弾いている。会場が大きかろうが小さかろうが、聴衆が2000人だろうがたった一人だろうが、コンサートを差別しない。絶対に手抜きをしない。すべてのステージで、毎回全身全霊でピアノを弾き切る。

この姿勢を失って慢心するようであれば、死んだほうがマシだとさえ思う。

音楽に王道も正解もない

中学生のころ、音楽教室で一緒だった子から言われた衝撃的な一言を今も忘れない。

「反田、お前のピアノは音楽じゃないよな」

仲が良いと思っていた同級生だったから、この一言にはとても心が傷ついた。彼は幼少期からメチャクチャにピアノを練習してきた。ケガをしたら一大事だから、体育の授業になんて出ない。ピアノのためであれば、学校の授業なんて平気で休む子だった。先ほどの言葉は、のちのちまでずっと引っかかった。

モスクワに留学したとき、ミハイル・ヴォスクレセンスキー先生から言われた印象的な言葉がある。僕は先生に「好きな作曲家はいますか」と質問した。すると先生はこう答えたのだ。

「私はその質問には答えません。音楽家は全員均等に好きであるべきだと思うからです。もし仮に君が苦手だと思っている作曲家がいるとしましょう。でももしかすると、明日にはその作曲家を好きになっているかもしれませんよね」

師匠の口からどの作曲家が好きだと聞いてしまえば、その瞬間から僕はその作曲家を一種の色眼鏡で見てしまう。浅はかな視点で音楽に優劣をつけ、この音楽家は自分の好みだ、この音楽家は好みでないと選り好みする。そんな姿勢で音楽をやるべきではないのだ。

ミハイル・ヴォスクレセンスキー先生の言葉を聴いたとき、幼いころ「お前のピアノは音楽じゃないよな」と言われた一言を思い出した。

「あのとき、あいつには僕が弾くピアノが音楽には聴こえなかったのだろう。だけどもしかしたら、彼が今、僕のピアノを聴けば、僕の音楽をとても好きになってくれるかもしれない」

逆もまたしかりだ。

この話は、音楽に限らず私生活にも通じると思う。「この人はこういう思考回路をもっているんだな」と決めつけてしまえば、その人がもっている別の性格や人間性が見えなくなってしまう。人間の心は多重構造になっており、一筋縄ではいかないものだ。矛盾する感情を内側にはらみ、ジレンマと葛藤に苦しんでいる人なんていくらでもいる。

憤り、やるせなさ、寂寥感《せきりょうかん》、苛立ち、歓びと多幸感、すべての感情は音楽の滋養となる。人の生き方に「これが正解だ」と断言できる道なんてないのと同じように、音楽に王道も正解もない。

僕は永遠の求道者として、正解の見つからない問いと向き合い続けたいのだ。

割り切れないことにこそ宝はある

モスクワやワルシャワに留学しながら、世界中からやってきた音楽家と濃密な時間を過ごせたのは人生の財産だ。とりわけ国立モスクワ音楽院で寮生活を送り、男女問わず多くの友人と交友を結んだのは勉強になった。

おもしろいことに、ピアノでもヴァイオリンでも楽器の練習ばかり長時間やっている人は、演奏の引き出しが少ない。音楽と関係ないことに平気で時間を費やし、多趣味な人ほど演奏の引き出しが多いものだ。古今東西の文学作品を濫読《らんどく》し、自ら詩も書く。コンサートホールに足を運んでオーケストラやオペラ、バレエを生で鑑賞するだけでなく、美術館や博物館に出かけて存分に刺激を受ける。そうした体験は、すべて音楽家にとっての財産になる。

「この調味料を一匙《ひとさじ》加えるだけで、ビックリするほど味が変わるんだよ」

喜んで説明しながら部屋で手料理を振る舞ってくれるイタリア人の友だちの演奏は、飛び抜けて明るく愉快だった。彼はピアノを演奏するときにも、一匙の隠し味によって自分だけの一皿を作り上げているのだろう。

寮生活を送る友だちの中には、同性愛者の人も大勢いた。世界は男か女かという二分法だけで割り切れるわけではない。人々の性的指向は多彩な七色だ。世界の人々は虹色のグラデーションを織り成しているという事実を頭に置くだけで、ピアノの奏で方はみるみるうちに変わっていく。

映画「ハリー・ポッター」から学ぶ指揮者のテクニック

飛行機で世界中を飛び回る中、移動中に映画を観るのは格別の楽しみだ。ＡＮＡの国際線の機内で実写版「くまのプーさん」（「プーと大人になった僕」）を観たときは、とめどもなく涙があふれてきて止まらなかった。食事を運んできたＣＡ（客室乗務員）さんから声をかけられて心配されたほどだ。

音楽を聴くと無条件でビビッドに反応してしまうのは、職業病なのだろう。劇中の音楽が鳴った瞬間、「ああ、自分にもぬいぐるみを大事にしていた時期があったよな」と小さいころを思い出した。人間は大人になるにつれて、幼いころもっていた天真爛漫な純粋さを失って汚れていく。

ひとたび立ち止まって自分を顧みる姿勢を忘れなければ、人間は大人になってからでもいつでも童心に帰れる。そんなプーさんのメッセージが心に突き刺さり、涙が止まらなかった。日本に帰国したあと、映画館に出かけて大きなスクリーンで観直したほど気に入った。

映画の世界観に没入して、登場人物の人生を疑似体験する。登場人物の悲しみや切なさを追体験してドバッと泣くと、浮き世のストレスなんてあっという間に発散される。涙と一緒に心の澱《おり》を押し流してリセットする。思いきり涙を流すことは、ピアノの演奏にとっても人生そのものにとっても有益だ。

映画について付言すると、「ハリー・ポッター」シリーズは音楽家にとってのテキストだと言っても過言ではない。「ハリー・ポッター」を観ていると、魔法使いの腕と指と体の使い方が指揮の参考になる。人を幸せにするポジティブな術を使うときと、攻撃的でネガティブな術を使うときは、手首や指の動かし方が明確に異なる。

金管楽器や木管楽器の音量をちょっとだけミュートしたいとき、反対に特定のパートの音量を少しだけ上げたいとき、ミリ単位の所作で指示を出せれば魔法使いの仲間入りだ。

小澤征爾さんがマスタークラス（少人数の専門教室）の講師として登壇し、指揮者の卵にレッスンしている様子を映像で観たことがある。「水の音を出してごらん」と指示を出したが、生徒はうまくキューサインを出せない。

小澤さんは、まるでハリー・ポッターが水の呪文を繰り出すかのように、得も言われぬノンバーバル（非言語）コミュニケーションによって見事に「水の音」を表現してみせた。すると不思議なことに、弦楽隊は小澤さんの指示どおりに「水の音」を鳴らしてしまうのだ。ちょっとした所作によって、何十人もの音楽家に直感的にメッセージを伝えてしまう。指揮者はまるで魔法使いのようだ。

僕もいつか、「ハリー・ポッター」に出てくる魔法使いのように、指揮棒一本で自由自在に音楽を描いてみたい。

第5章

音楽で食べていく方法

経営者としてのモーツァルトとベートーヴェン

ピアニストでありながら、経営者としての顔ももつ人は日本では少ないと思う。音楽でご飯を食べていく方法を自分の頭で考え、スタッフの人件費を稼ぎ出し、ほかの音楽家の生活費まで心配する。そんな経営者の仕事にかまけていたら、練習時間と自分の持ち時間を奪われてしまう。

でも考えてもみてほしい。音楽家が演奏のことだけを考え、演奏だけに専念できる時代なんて、歴史を振り返れば決して長くない。モーツァルト（1756〜1791年）やベートーヴェン（1770〜1827年）は自分でピアノを弾いて作曲活動をするだけでなく、オーケストラの指揮者を務め、演奏会を企画してパトロンへの挨拶回りまでやっていた。プレイヤーとして活動しながら、自ら先頭に立って資金繰りに奔走し、経営（お金のやり繰り）を実践していたのだ。

どんなに素晴らしいプレイヤーだとしても、演奏の素晴らしさを宣伝し、ファンを呼びこむマーケティングが欠けていれば客席は埋まらない。モーツァルトやベートーヴェンはそこまでこなしていた。音楽家を応援してくれる太い客とパイプを作り、メセナ（フランス語の「ｍéｃéｎａｔ」＝文化・芸術活動への金銭的な支援）を募った。

僕は２０１５年7月、21歳で大手レコード会社の日本コロムビアからアルバムを発売してメジャーデビューをさせてもらった。翌２０１６年1月にはサントリーホールでデビューリサイタル（独奏会）を開き、２０００席のチケットすべてが完売した。

日本コロムビアと過ごした期間は3年間だった。契約を延長し、大手レコード会社の庇護のもとで活動を続けるべきか。はたまたモーツァルトやベートーヴェンのように、独自にマネジメントを進め、活動の幅を広げるべきか。批難もあったが、僕は後者を選んだ。何にも縛られることなく、プレイヤーとマネージャーの二刀流を両立させたかった。

「20歳そこそこの若者をこうしてメジャーデビューさせていただいたことは、心からありがたいと感謝しています。この先は独り立ちしたいです。世の中のシステムと社会について、一人の人間として僕はまだあまりにも知らなすぎます。独立して社会勉強させていただけませんでしょうか」

僕をすくい上げてくれた日本コロムビアのプロデューサーは「何でもやってみなければわからない」という一本気な性格の人だ。若造が独立したいと言い出しても「生意気なことを言うな。今のお前に何ができるというのだ」なんて頭ごなしに否定したりしなかった。「わかった。がんばってみなさい。応援しているよ。ルールは自分で作るものだ。君がやりたいようにやればいい。私に助けになれることがあれば、何でも相談しなさい」、そう言って晴れやかに快く送り出してくださった。

２０１７年10月、ポーランド・ワルシャワのワルシャワ音楽院に入学し、２カ国目の留学先でピアニストとしての新しい人生が始まった。そして２０１８年11月に、株式会社ＮＥＸＵＳを設立して代表取締役社長に就任した。「ｎｅｘｕｓ」とは英語で「つながり」「絆」「集合体」という意味だ。僕が掲げるメッセージに賛同してくれる音楽家とスタッフを、この会社を媒介としてつないでいきたい。そんな願いをこめて社名を「ＮＥＸＵＳ」と命名した。

ＮＥＸＵＳには現在、僕と務川慧悟さん（ピアニスト）、岡本誠司さん（ヴァイオリニスト）の3人が所属している。焦ることなく基盤を築きながら、ピアノやヴァイオリン以外の楽器を演奏する所属アーティストも、これから少しずつ増やしていきたい。いつの日か海外のアーティストから「君はどこの会社の所属なの？」と訊かれて「NEXUS」と答えたとき、「ああ、あのNEXUSか！」と言われるようになったらいいなと思っている。

2021年5月、務川さんはエリザベート王妃国際音楽コンクールで第3位に輝いた。岡本さんは2021年9月、ミュンヘン国際音楽コンクールのヴァイオリン部門で優勝した。そして2021年10月には、僕がショパンコンクールで第2位。出場資格に年齢制限がある中、NEXUSに所属する3人のアーティストが、おのおの人生最後となる国際コンクールに挑戦した。そして全員が素晴らしい成績を残した。

今回の我々3人の活躍を見て「クラシックのコンサートに行ってみよう」と思った人は何万人、何十万人単位でいるはずだ。その人たちに生音の魅力を伝えていきたい。務川さんと岡本さんと手を携えながら、僕は魅力的なコンサートをこれからどんどん企画していくことをここに誓いたい。

中学時代に築いた「義理と人情」という信条

第1章でも述べた通り、生まれ育った環境や人間関係もあったと思うが、ヤンチャに育ってきた。中学校時代は血気盛んな友人とともに遊んだこともよくあった。僕はこの友人たちと、小さな中学校という社会の中で人間関係の築き方を養った節がある。

あるとき、友人が他校の子とケンカをしてボコボコにされたことがあった。それを聞いた他の友人含め、皆でやり返しに行ったこともある。

中学2年生になるころにはピアノに徹底的に向き合うようになっていたため、その友人から、「お前にはピアノがある。ケンカなんかで一生を棒に振ってほしくないから、これからはオレたちに任せろ」と言われてピアノに集中することができた。

そんな学生時代を経たからこそ、今まで義理や人情を重んじて人とつきあってきた。ピアノを弾くことで稼げるようになってから、たくさんの大人たちに出会ってきた。僕に親身になって寄り添ってくれる大人にだいぶ恵まれたが、中には僕をある種、値踏みして表面的につきあおうとする大人もいた。人と関係を結ぶときに裏切りや中途半端な人間が許せない。「固い約束をしたら最後までやれよ」というのが、僕が中学時代に育んだ信条なのだ。

それは会社を設立し、経営者として仕事をしている今もそうだ。僕は学生時代から一貫して義理と人情をもって相手とつきあっている。学生時代の友人であろうが、名だたる経営者であろうが、有名な音楽家であろうが、僕は相手に仁義を尽くすように努めている。そうすることで、思いが通じる相手は必ず現れるのだ。

日本クラシック音楽界初のレーベル設立

デビューを果たしてから徐々に活動の幅が広がっていった。今後、自分が思い描いた野望を遂行するために、会社を設立する必要があった。

ただし単なる形だけの会社ではない。どれくらい宣伝広告費をかけて、チケット代をいくらに設定し、何人収容のコンサートホールでイベントを開けばペイするのか。収益とはどのように生み出されていくのか。世の中の仕組みについて勉強しながら、自分のお金を投入してコンサートを作ってみたかった。経営者として赤字を出さず、利益を生み出し、演奏者もスタッフもプロモーターも皆で発展していきたい。

2019年7月には、イープラスとの共同事業として、自身のレーベル「NOVA Record」を設立した。「NOVA」とは「新星」を意味する英語だ。「Records」と複数形にせず、敢えて「Record」と単数形にしたのには理由がある。所属アーティストを集団としてまとめて見るのではなく、一人ひとりのアーティストを「個」ととらえ、真摯に向き合っていきたいという思いをこめた。

自前のレーベルを作ったのは、日本クラシック音楽界で僕が初めてだ。ロックをやっているインディーズバンドの世界では、自分でレーベルを立ち上げることは全然珍しくない。自費出版に近い形でCDを出したインディーズバンドが、ミリオンセラーを生み出して努力の対価を得た例もある。ロックの世界で可能なのであれば、ピアニストが自分のレーベルをもったって構わないと思った。

大手レーベルに所属していると、いつも自分がやりたい仕事ばかりができるわけではない。音楽業界に限らず、どんな分野の会社でも赤字を出さずに利益を生み出すことが最重要課題だ。今の時代にフィットした売れ筋の企画を考え、CDを出したりコンサートを企画するのは当たり前だと思う。でも「売上ありき」という姿勢で音楽をやることは僕にはできない。

他ジャンルのアーティストに話を聞くと、大手レーベルから「次のCDにはこの曲を収録してください」とか「こういう方向性で行きましょう」と言われることがけっこう多いようだ。もちろん指示にすべて従う必要はないが、突っぱねて自分の意志を押し通すのもエネルギーが要る。結果的に、自分の本意ではない出来のCDをリリースすることもあるそうだ（幸い、僕の場合は今までそういう経験はない）。

そもそもCDがなかなか売れない時代なのに、自分の本意ではないCDを作品として発表したくはない。アーティストに寄り添い、本人が録りたい曲を残していくのがベストだと思う。アーティスト目線で丁寧に仕事を進めていくためにも、自分のレーベルを立ち上げるのが一番だった。

CDの売り方をまったく新しい形でと考えていく中、コンサートのチケットと紐付けていくというアイデアをイープラスと実現。結果、NEXUSとイープラスの共同事業としてNOVA Recordの設立につながったのだ。

ジャパン・ナショナル・オーケストラを株式会社化

２０１８年2月、僕と8人の弦楽器奏者による「ＭＬＭダブル・カルテット」を結成した。「ＭＬＭ」とは「Молодые люди, которые любят музыку」というロシア語（音楽を愛する青年たちという意味）の頭文字だ。

翌２０１９年には、合計16人の「ＭＬＭナショナル管弦楽団」へと2倍の体制に膨らむ。さらに２０２１年1月には「ジャパン・ナショナル・オーケストラ」に楽団名を変更し、コロナ禍の２０２１年5月、Ｊａｐａｎ Ｎａｔｉｏｎａｌ Ｏｒｃｈｅｓｔｒａ（ＪＮＯ）株式会社を設立して法人化した。常任指揮者と代表取締役社長は僕が務める。

ジャパン・ナショナル・オーケストラ設立に資本協力し、強く後押ししてくださったのは、世界的な工作機械メーカーＤＭＧ森精機株式会社の森雅彦社長だ。ＤＭＧ森精機の拠点が奈良にあることから、ジャパン・ナショナル・オーケストラは東京に拠点を構えず、奈良に活動拠点を置くことに決めた。そして、ＤＭＧ森精機と僕をつないでくださったＤＭＧ森精機の役員である川島昭彦さんに我が社の会長に就いていただいている。

ジャパン・ナショナル・オーケストラには現在、僕を含め26人の所属アーティストがいる。彼らを株式会社の社員として雇用し、給料を支払う。芸術家を経済的に支援するのは財団法人であることがほとんどだが、一般企業と同じように収益を上げ、社員に給料を支払って還元しようと考えた。オーケストラを株式会社化した例は、世界的にもかなり珍しいはずだ。

ジャパン・ナショナル・オーケストラに所属する条件として、一人ひとりのアーティストにリサイタルを開くよう求めている。もちろんスケジュールが許す限り、僕がピアニストを務めて応援する。友人であり、ＮＥＸＵＳ所属のピアニストでもある務川慧悟さんにもお願いし、コンサートに参加してもらうこともある。

その上で、一人のアーティストとしてコンサートを大成功させ、音楽家としての実績と経験値を高めてほしいのだ。「ジャパン・ナショナル・オーケストラ」という看板と「反田恭平」の知名度に寄りかかる姿勢ではなく、その人自身の存在に着目してエールを送ってくれる応援団を自ら一人ずつ増やしてほしい。

ジャパン・ナショナル・オーケストラは奈良で定期演奏会を開くだけでなく、メンバーのリサイタルシリーズを年間50回のペースで開催していく。若い音楽家が全国津々浦々を回りながら、今までクラシック音楽を聴く機会がなかった聴衆を掘り起こし、クラシックブームを牽引してほしいと期待している。もちろん僕も先頭に立って、メンバーと一緒になって魅力的なステージを作り上げていきたい。

クラシック業界初のオンラインコンサート

2020年1月に新型コロナ禍が始まった当初は、世界中の誰もが「こんな騒ぎはじきに収まる」と高をくくっていたはずだ。だが、グローバリゼーションの時代に、パンデミック（感染症の世界的大流行）は凄まじい猛威を振るう。航空機がバンバン飛び交う中、新型コロナウイルスはあっという間に国境を越えて伝染していった。

2020年3月になると、コンサートやイベントは軒並み中止されていった。当時、日本と海外を行き来していた僕は日本へ帰国し、ヨーロッパへ戻りづらくなってしまった。

仕事を失ったのは演奏家だけではない。コンサートホールがクローズされて演奏する場所がなくなれば、音響や舞台装置を管理する技術者の仕事はなくなる。ピアノを演奏する人がいなければ、調律師の出番もない。完売していたイープラスのチケットは全額払い戻され、膨大な事務作業が赤字を膨らませる。会場で観客を誘導するアルバイトスタッフなど、コンサートを支えてくださる裏方の人たちの仕事もいきなりなくなってしまった。

このままでは音楽家やスタッフの収入はゼロになり、コンサートが二度と開けなくなってしまうかもしれない。「ステイホーム」が叫ばれるコロナ禍の中でも、どうにかして演奏し、雇用とお金を生み出せる方法はないものか。

安倍晋三首相（当時）が初めての緊急事態宣言を発令するよりも早く、僕は動いた。2020年3月18日、イープラスの橋本行秀会長に直接会いに行き、「今こそオンデマンドの有料配信コンサートを開くべきではないですか」と迫った。

パンデミックが始まる前の時代にも、オンラインのコンサートはあった。ただしYouTubeで誰でも観られる無料の動画配信だ。コンサートのチケットを買うのと同じく1500円なり2000円なりの視聴料を支払い、パソコンやスマートフォンで有料配信のコンサートを観る試みは、日本ではまだ誰もやっていなかった。

「果たしてその取り組みがビジネスモデルとして成立しうるのか、確証がもてない」

「誰もやったことがない有料配信コンサートにはリスクもある。途中で画面がフリーズして動かなくなってしまったときにどう対応すればいいのか。技術的な課題が多すぎる」

イープラスのスタッフからそんな反対意見も飛び出す。

「いやいや、やるなら今しかない。配信コンサートは必ずビジネスモデルになる。コロナ禍のエンターテインメント業界で、我々の先駆的な取り組みはきっとスタンダードになるはずだ。その先鞭《せんべん》をつけようではないか」

そのようにイープラスの橋本会長を説得したところ、とうとう僕の意気込みに賛同してくださることになった。

そこからわずか2週間足らずでウェブページを作り、チケット購入窓口を準備した。サントリーホールを押さえ、当日演奏できるメンバーを募ってプログラムを考えていった。日本のクラシック業界で誰もやったことがないどころか、エンタメ業界全体でもほぼ最速の企画だった。2020年4月1日、無観客によるオンライン配信の演奏会「Ｈａｎｄ ｉｎ ｈａｎｄ」を開催した。

当初は24人の音楽家が一堂に会して演奏する予定だったが、新型コロナの猛威がおそろしい勢いで進んだため、プログラムを急遽変更した。ピアノは僕が弾く。サクソフォンやクラリネット、オーボエ、ファゴット、フルートの演奏者を集め、合計８人でオンラインの無観客コンサートを開いた。それから6日後の4月7日に、第一回目の緊急事態宣言が発令された。

目に見えないウイルスの脅威に誰もが怯える中、「スタッフが集まれば密になる。オンラインコンサートといっても、この企画によって感染者を生み出すことになるのではないか」という批判の声もぶつけられた。

言い出しっぺとして「Ｈａｎｄ ｉｎ ｈａｎｄ」のお知らせをSNSで投稿する瞬間は、全身がガクガク震えていた。この企画を実行することによって、ファンがアンチに変わってしまう可能性もある。イープラスやコンサート会場、演奏者に抗議の声が寄せられ、彼らをバッシングの対象にしてしまうリスクもあった。

プログラムを大きく変更し、一度に多人数が密状態にならないよう配慮した。アンチの声も最大限受け入れ、万全の対策を打ってオンラインコンサートを決行した。平日水曜日、午後7時スタートという時間設定だったにもかかわらず、なんと2000人を超える人々が配信チケットを買ってくださった。当日使用した会場のキャパシティ（収容人数）の何倍にもあたる人数だ。イベント開催の詳細を発表したのは3月27日だから、わずか数日で2000人を動員したことになる。

音楽業界初の挑戦は雇用と大きな利益を生み、パンデミックの渦中で音楽家が活動していくモデルケースとなった。それから半年もすると、オンラインによる有料配信イベントは、音楽業界のみならずお笑いでもトークイベントでも当たり前になっていた。パンデミックのせいでエンタメ業界が総倒れになってたまるものか。その執念がイープラスをはじめ、多くの人々の心を動かした。暗闇の中に身を投じる精神が、パンデミック時代のエンタメの可能性を切り拓いたのだ。

noteで100万円を稼ぐ

第1回目の緊急事態宣言が発令され、世界中が異様な緊張状態に陥っていた202

０年５月25日、実験的プロジェクトに挑戦した。ｎｏｔｅにブルグミュラー（ドイツの音楽家）が作曲した「25の練習曲」の音源をアップしたのだ。ｎｏｔｅは文章に限らず、写真や音楽、動画など作品を何でも手軽に配信できる。無料で見せることもできるし、課金制にしたり、投げ銭（チップ）を受けつけることも可能だ。

演奏は自宅で収録し、録音も編集も自分で行った。価格はブルグミュラーの生まれた年にちなみ「１８０６円」に設定した。

このプロジェクトは評判を呼び、わずか1週間で１００万円以上の収益を上げた。その後も売れ続けて、２０２２年の今も商品価値をもつロングセラーになっており、２０２２年6月時点での収益は約３００万円以上になっている。

ｎｏｔｅには吉本ばななさんのようなプロの作家も寄稿しているが（有料制）、投稿者の大半はアマチュアのクリエイターだ。そのプラットフォームにプロのアーティストが参加して、自分のパフォーマンス、言葉、思考を発表する。無料ではなく最初から有料の課金制にしてｎｏｔｅで収益を上げるという発想は、当時はまだ新しかった。

「ネットに載っている記事はタダで読めるのが当たり前」という風潮がはびこる中、

「売れなかったらどうしよう」と日和れば、プロの演奏を無料で公開して苦しむ自縄自縛に陥る。パンデミックのせいでコンサートホールがどこも閉鎖され、音楽を楽しむ歓びを奪われた人々に、ブルグミュラーの練習曲でピアノの腕を上げる楽しさを再認識してもらいたい。なおかつ収益を上げて、プロのピアニストとしての活動をコロナ禍においても継続したかった。

雑誌の対談企画である方とお会いしたとき、その人が「せっかく超難関の東京藝術大学を卒業したのに『アーティストとして演奏する場所がない。生活に困っている』と嘆く若い子がいる」と言っていた。その話を聞いたとき「甘すぎる。なんて甘ちゃんなんだ」と呆れた。

名門大学を卒業したからといって、その音楽家が1000人、2000人のコンサートホールを満席にできるとは限らない。ましてやパンデミックによって経済活動も停滞、人々が文化・芸術への出費を惜しむ世の中だ。チケット代への出費が減れば、ただでさえ苦しい芸術家の生活はますます厳しくなる。

だからといって、その現状を時代の流れのせいにしたり、パンデミックのせいにして良しとする生き方はつまらない。甘ったれた言い訳をして逃げを打つのは簡単だ。

愚痴を吐き、後ろ向きでかたくなな姿勢に凝り固まれば、アーティストはますます発表の場を失って追い詰められていく。

ネットを使った有料配信だって可能なのだし、ｎｏｔｅのように誰でも今日から参加できる使いやすいプラットフォームだってある。そこで作品を発表してみればいいと思うのだ。「音楽を発表する場がない」なんて言い草はただの言い訳であって、「場」はいくらでもある。せっかく自由に活動できる場所があるのに、そのプラットフォームを活用していないだけの話なのだ。

コロナ禍のおかげで、前向きで良い変化もある。大手プロダクションに所属していなくても、インディーズの立場で自ら発信していこうという若い世代のクリエイターが増えた。デジタルネイティブ世代にとっては、スマートフォンはただのツールではなく、お金を稼ぐための商売道具にもなりうる。

手の中に収まるスマホを使えば、新しい仕事を生み出し、収入を得られる。その事実に気づいた若い子が増えつつあるのは、とても良い傾向だ。

イープラスの有料配信やｎｏｔｅでの音源発表を成功させた僕に続いて、後輩の若い音楽家たちもどんどん挑戦してほしいと切に思う。

エンタメ飽和時代に音楽が生き残る道

パンデミックが始まる前から、僕はあまりにも旧態依然たるクラシック音楽業界に不満を抱いてきた。ビジネスチャンスがいくらでも転がっているのに、クラシック業界は現状に甘んじて新規顧客の開拓を怠ってきたと思うのだ。

都市部から離れた地方の町や村、山間部で暮らす人は、NHK交響楽団のようなオーケストラの演奏を生で鑑賞する機会がなかなかない。ましてやベルリン・フィルハーモニー管弦楽団やウィーン・フィルハーモニー管弦楽団が来日したタイミングにピッタリ合わせて、東京や大阪に出てくるのも難しい。

そういう人たちのために、有料のオンライン配信で音楽を届けるのは、パンデミック前の時代からできたはずだ。「コンサートホールに出かけて生演奏を聴くのが基本だ。配信などという邪道に手を染めるべきではない」という意見も一理ある。でもそうやって現状にあぐらをかいていたら、Netflixやアマゾンプライムビデオといった膨大なコンテンツを手軽に受け取れる時代の中で、若い人はどんどんコンサートホールから離れていってしまうと思うのだ。

パンデミックがきっかけとなり、一種のショック療法のようにわずかな期間でオンライン配信コンサートを実現できた。パンデミックのおかげで、時代の流れが少しだけ早回しになったとポジティブにとらえたい。

1000円や1500円を払い、パソコンやスマートフォンで素晴らしいコンサートを楽しむ。するとその人は「配信でもこれだけ感動するのだ。コンサートホールの現場で生音を聴いたら、さぞかし満足度は高いのだろうな。次はホールに出かけてみよう」と思うに違いない。配信コンサートによって聴衆の裾野を広げれば、結果的にコンサートホールにやってくるお客さんの母数も増やせるはずだ。

数年前から、タクシーの後部座席にタブレット端末が設置され、コマーシャルの動画が流れるのが当たり前になった。あのタブレット広告を考えた人は天才だと思う。あそこで動画が流れると、僕も気になってついつい見入ってしまう。広告宣伝の訴求力は絶大だ。

たとえば配信コンサートを開催するとき、曲の合間にテレビコマーシャルのようにCMを挟んだっていい。コンサートホールでオペラを観るとき、ステージのまわりに機材を設置して字幕を掲示する。オリンピックや世界陸上、テニスのグランドスラム（世界四大大会）のタイムを示す電光掲示板に「ＯＭＥＧＡ」とか「Ｒｏｌｅｘ」と企業名が入っているように、オペラの字幕の横にもスポンサー企業名を入れたらいい。そうすれば会場にいるすべての人が、必ずその固有名詞を目にする。

ほかの業界ではどんどん挑戦的な試みを導入して、新たな利益を生み出している。だが音楽業界全体を見渡してみると、タクシー会社が当たり前のようにやっていることすら誰もやっていない。コロナ禍が始まって以降、やっと音楽業界でも若い人たちが動き始めた。陳腐な言い方だが、大きなピンチの時代だからこそ、ピンチをバネとしてチャンスに変えられると思うのだ。

大衆に染み込むクラシック音楽をつくる

「地球温暖化を食い止めなければ、人類は21世紀のうちに絶滅してしまう」
「環境に負荷をかける生き方をあらためよう」
「ＳＤＧｓ（国連「持続可能な開発目標」）の時代だ」

と、世界中で声があがっているが、我々クラシック音楽の世界は「チラシ」だけに頼りすぎているのではなかろうか。

コンサートが始まるまでの時間にチラシをパラパラ眺め、気になるコンサートのチラシを2、3枚抜き取ってカバンにしまい、残りのチラシは捨ててしまう人が大半ではないだろうか。

もちろん何らかの形で宣伝しなければ、ピアニストやヴァイオリニスト、音楽業界に関わるすべての人たちは生活していけない。でも宣伝広告の方法が「紙」だけである必要はまったくなく、他にもやり方があるはずだ。

僕はこれから、クラシック音楽に特化したスマートフォンアプリを開発しようと計画している。そのアプリをスマホで開くと、今週どこの都市でどんなコンサートが開かれるのか、見どころはどこなのかが一斉に表示される。「明日の会食の予定が急にキャンセルになってしまった。今からでも買えるチケットはあるかな」と思う人がいたとき、その場で検索してチケットを予約し、QRコードをかざせばチケットレスで会場に入れる。そんなアプリがあれば、僕たち音楽家とクラシック音楽ファンをつなぐコミュニティになると思うのだ。

過去のチケット購買履歴によって、アプリ使用者の趣味や嗜好をAI（人工知能）が解析する。アマゾンがリコメンド（推薦）機能によって「あなたがほしそうな商品がありますよ」と教えてくれるように、一人ひとりに合った演奏会をアプリがお薦めしてくれるようになればいい。

クラシック音楽に縁がない人にとっては、そもそもコンサートホールに足を運ぶこと自体ハードルが高い。

「コンサートホールはオシャレをして来なくても全然構いませんよ。ジーンズやラフな格好でも大歓迎です。普段着のままリラックスして来てくださいね」

「ホールの中は空気が乾燥しがちです。ポットに白湯を入れてもっていき、休憩中にロビーで喉を潤すといいですよ」

「今日のプログラムの第2部は、第1楽章から第4楽章まで四つの楽章があります。最後にはスタンディングオベーション大歓迎です！」

コンサート鑑賞のコツを噛んで含めるように解説すれば、コンサートホールへの敷居はグンと低くなる。

「のだめカンタービレ」や「ピアノの森」のように、音楽をテーマにした素晴らしいコミックスもある。これらの人気マンガとコラボして、のだめ（野田恵）や千秋真一、一ノ瀬海や阿字野壮介が音楽についてわかりやすく解説してくれるページだってアプリ内に作れるはずだ。

駅からホールまでどうやってたどり着けばいいのか。自分が買った座席は会場のどのあたりにあって、どの扉を目指せば最短距離なのか。トイレはどこにあり、バリアフリートイレも備えているのか。行列に並ばなくて済むよう、近隣のトイレの場所までアプリで道案内してあげればいい。

クラシック業界は乃木坂46と武井壮に学べ

僕は乃木坂46から学ぶことがたくさんある。東京ドームのコンサートを観に行ったこともある。リアルな握手会にしても、配信イベントにしても、彼女たちのかゆいところに手が届くようなファンサービスは、ファン心理をよく理解している。自分とはまったく違う分野で活動している人たちと接していると、「このビジネスモデルはクラシック業界にも応用できるかもしれないな」と好奇心が刺激される。

メディアで芸能人と共演したことを契機に、プライベートで彼らと食事に出かけることもある。そういう機会は、僕にとって「アイデアを盗む」またとないチャンスだ。目に入るものすべてが刺激であり、そのときの会話を忘れないよう頭に叩きこんで記憶する。

僕より21歳年上の武井壮さんは、お会いするたびに兄貴分としてぶっ飛んだアイデアを語ってくれる。２０１７～２０１８年の段階で、武井さんがこうおっしゃったことがある。

「言語という垣根を超えて、たった一音だけで人を感動させる能力が反田君にはある。もしオレがピアノを弾けていたら、10億は稼げるよ」

「いやいや、それは武井さんにぶっ飛んだ発想力があるからですよ」

そう答えたが、武井さんは真顔で「物事は地球規模で考えなきゃ駄目だよ」と言う。

NHKで「駅ピアノ」「空港ピアノ」「街角ピアノ」という番組が放送されてから、全国各地でストリートピアノが置かれる場所が増えた。そのピアノを弾く動画を自撮りして、YouTubeに載せて人気を博している人もいる。

ストリートピアノがはやるよりずっと前から、武井さんはこうおっしゃっていた。

「オレだったらグランドキャニオンにピアノをもっていくよ。そこで反田君がピアノを弾いて、ドローンを飛ばしてＭＶ（ミュージックビデオ）を作る。『反田恭平と行くグランドキャニオンの旅』をオンラインで企画するんだよ。コロッセオの前にピアノを置いて、イタリアの音楽家の作品を弾いたっていい。言語が通じなくても伝わる音楽という武器があるんだから、そうやって世界中を音楽でつながないと」

クラシック業界だけに身を置いてくすぶっていたら、こういうアイデアを思いつくことすらなく、保守的な姿勢に甘んじて腐敗していってしまう。ただでさえ化石のように遅れているクラシック音楽の業界に、新風を巻き起こしたい。武井さんが思い描くぶっ飛んだアイデアは、今すぐにだって実行可能なのだ。

第6章 音楽の未来

オンラインサロン「Solistiade」

コロナ禍の2021年5月、オンラインサロン「Solistiade」（ソリスティアーデ）を立ち上げた。

キングコング西野亮廣さんの「西野亮廣エンタメ研究所」、ホリエモン（堀江貴文さん）の「HIU」（堀江貴文イノベーション大学校）、幻冬舎の名物編集者・箕輪厚介さんが主宰する「箕輪編集室」など、著名人やイノベーターは数年前からオンラインサロンを立ち上げ、活況を呈している。彼らの活動からヒントを得た。クラシック音楽業界にはもともと、音楽家が直に集うサロンが各国に存在していた。今の時代に合わせて自分も音楽家やクラシックファンが集うオンラインサロンを運営してみようと考えた。

まずは無料でサロンを立ち上げると、たちまち３万人を超える会員が集まった。年会費５０００円のレギュラー会員、年会費３万円のプレミアム会員の枠を設けたところ、有料会員数は順調に増えていった（現在は月額９８０円のプランのみ）。

しかし大変申し訳ないことに、コンサートチケットを入手しづらい状況が続いている。そこで有料会員を対象に、先行販売の枠を設けた。未公開映像や音源、メッセージをオンライン上で配信したり、会員の皆さんとリアルに触れ合えるファンミーティングも企画している。

新型コロナが広がる前まで、音楽を学ぶ人のレッスンは対面式が基本だった。講師と生徒が密室に長時間こもるレッスンは、感染拡大のリスクを伴う。コロナを契機に、ZoomやFacebookメッセンジャー、ＬＩＮＥのテレビ電話機能を使ってレッスンを実施する方式が広がった。

僕のサロンでは、最前線で活躍するプロの演奏家のレッスンをオンライン上で受けられる。ジャパン・ナショナル・オーケストラが拠点を置く奈良へわざわざ足を運ばなくとも、地方都市にいながらレッスンを受講することが可能だ。極端な話、アフリカ大陸の砂漠で暮らしていようが、南極基地であろうが、サロンを通じて音楽を学べる。

自分が演奏した動画をプロの演奏家に送り、その動画を見てもらってアドバイスをしてもらう。ゆくゆくはレッスン用のアプリを開発して、音楽家を志す会員に提供したい。

まったく無名のアーティストであっても、インターネットとスマートフォンの力によってブレイクする例はこれから増えるだろう。そんな未来のスーパースターが次々と誕生すれば、オンラインとオフライン双方でクラシック業界全体が盛り上がっていくはずだ。

バーチャル・リアリティとメタバースの未来

2020年初頭からパンデミックが始まり、クラシックに限らずコンサートホールは軒並み閉鎖されてしまった。先の見えないコロナ禍が続く中、ウェアラブル端末（スキーのゴーグルのように目をスッポリ覆う装着型端末）によって音源を提供しようと考えた。AR（Augmented Reality＝拡張現実）とVR（Virtual Reality＝仮想現実）の技術革新によって、自宅にいながらコンサートホールにいるかのような音楽体験ができないかと思ったのだ。

現段階でそれをやるとなると、あまりにも多額の費用がかかりすぎる。大前提として、ＶＲグラス（メガネ）をもっている人口を増やさなければ、サービスを提供したところでユーザーは増えない。

ＮＴＴに協力を仰ぎ、まずは３６０度カメラで演奏を撮影してみることにした。この映像はなかなかおもしろい。ピアノとオーケストラの共演であるピアノコンチェルトを披露するとき、ピアノを弾く僕の手の動きだけをじっと見ている観客もいれば、顔の表情の変化に目を凝らす観客もいる。

指揮者の動きに興味津々の人もいれば、コンサートマスターなど特定の演奏者を見ている人もいるだろう。

３６０度カメラで演奏を撮影しておけば、ピアノ奏者がどのタイミングで指揮者に顔を向けるのか、いつコンサートマスターに目線を送るのかが全部わかる。気になるところは映像を巻き戻して再確認すればいい。

指揮棒の振り方も逐一確認できるし、指揮者の目線で見たオーケストラのメンバーの様子も見える。反対に、オーケストラ側から見た指揮者の顔や体の動きも確認可能だ。オンライン上で360度カメラを操作すれば、弦楽器がどういうボーイング（弓の返し）でテクニックを駆使しているのか、細部に至るまでいくらでもマニアックに確認できる。

何万円もするゴーグルだと購入を躊躇するが、ゴーグルは原材料500円でも作れる。子どもの自由研究の一環で作ったっていい。近未来に新たな感染症が勃発する可能性だってある。360度カメラで撮影した演奏を、有料のオンラインサロンでこれからどんどん提供していく。いつ何が起きてもエンタメ業界が潰れないように、今から準備をしておきたいのだ。

5G（4Gに続く新しい電波規格）が日本全国津々浦々まで行き渡るには、もう少し時間がかかる。その先には、今とは比較にならない大容量の高速通信が可能な6G、7Gの時代が拓けている。

5Gが当たり前の通信インフラとなり、6Gまで生まれれば、「メタバース」（metaverse）が活況を呈するだろうとIT起業家は予測する。「メタバース」とは「メタ」（meta＝高次元の）＋「ユニバース」（universe＝宇宙）を組み合わせた造語だ。

ＡＲとＶＲのウェアラブル端末でインターネット上のバーチャル空間にログインすると、そこには本物の世界と遜色ない高解像度の空間（もう一つの世界）が広がる。メタバースにログインしたあと、バーチャル・ディズニーランドやバーチャル・サントリーホールでエンタメや音楽を楽しめるようになるのだ。

ＳＦ映画で描かれる夢物語のように聞こえるかもしれないが、クラシック音楽がメタバース上で演奏される日はそう遠くないと思う。技術革新の力によって、自宅にいながらサントリーホールの素晴らしい音色を満喫できれば素晴らしいではないか。

クラシック業界にＤＸ革命を起こす

新聞や雑誌のインタビュー取材を受けながら、紙媒体の経営は大変だといつも思う。記者やカメラマンが一生懸命記事を作っても、人々はなかなかお金を出して新聞や雑誌を買おうとはしない。電車の中で新聞や雑誌を読んでいる人は、一車両につき一人いるかいないかだ。みんなスマートフォンにばかり目を落としている。

どうにかして新聞や雑誌を存続させなければいけないとも思うし、今が変革のときだとも思う。新しいものを作るときには、何かを壊すことも必要だ。

オンラインサロン「Solistiade」の有料会員は、会費を支払ってでも、僕やジャパン・ナショナル・オーケストラのコンサートをどうしても観たいという人たちだ。そこまで熱心な応援団がいることは最大の強みだ。

まずは核となるこの有料会員を大切にしながら、オンラインサロンを充実させていく。僕のピアノとジャパン・ナショナル・オーケストラの魅力、クラシック音楽の豊穣な世界観を伝えながら、オンラインサロンの有料会員を少しずつ増やしていきたい。

環境の面からも「紙のチラシ」は、スマートフォンのアプリに集約するべきだ。全国のコンサートホール、芸能プロダクション、レコード会社、さらには自治体ともコラボしてアプリに情報を集約させたい。

スマホアプリでダウンロードしたQRコードをピッとやれば、コンサートホールの入り口でもぎり（紙のチケットをちぎる儀式）をやる必要もなくなる。思い出に残したい人、記念にほしい人だけに「紙のチケット」の発券の手助けをするほうがいい。ほかの業界であれば普通にやっていることを、クラシック音楽業界の人たちは誰もやろうとしないのが僕は不満だ。

DX（デジタル・トランスフォーメーション）と「DX革命」の必要性がこれだけ騒がれているのだから、クラシック音楽業界にもDX革命を起こすべきだと思う。僕はそのための行動を開始するつもりだ。

スマートフォンのアプリでクラシックのコンサートを予約すると、その履歴は何年も何十年も蓄積されていくことになる。これから将来にわたってずっと音楽を聴いてくれることになる大学生や中高生には、チケット代を大幅割引する「ジーンズシート」「学割シート」を提供したい。スマホアプリでコンサートを予約すると6回に1回はタダになるとか、映画館がやっているタダ券サービスを導入するのもいい。

僕が少年時代を過ごした地元は、スタンプラリー発祥の地だ。100円ショップやスーパーマーケット、商店街のどこのお店に行っても地元限定のスタンプをくれる。

スタンプは100円買い物をするたびに1枚発給され、350枚貯めると500円分の商品券として利用できる。年に一回、スタンプを集めた人向けの抽選会があるのも楽しみだった。アタリを引けば、お米や旅行券、ディズニーランドのペアチケットがもらえるのだ。

スタンプラリーのようなインセンティブ（お得な報酬）があれば、「今年は2カ月に

1回コンサートホールに出かけよう」と気持ちが前向きになる。

クラシックにJ-POP、K-POP、ロックに演劇、落語、能や歌舞伎に至るまで、さまざまなコンサートや舞台を生で観てくれる観客層が、人口1億2400万人のうち400万人いるとしよう。まずはアプリを100万人にダウンロードしてもらい、ゆくゆくはリアルな観客層400万人がダウンロードしてくれればすごい時代が訪れる。

Vポイントカードやセブン-イレブンのnanaco（ナナコ）などを皆がスマホアプリでダウンロードしているように、コンサートを観るためのアプリに日常的に600万人が触れる。1日わずか4〜5秒間アプリにアクセスしてもらうだけで、「○○のコンサートは今週××で開かれます」「ジャパン・ナショナル・オーケストラのコンサートは今晩開催です」という情報が人々の目に触れる。これはものすごい宣伝効果だ。

いろいろなところで「反田恭平はクラシック業界の風雲児だ」とか「反田は次々と新しいことに挑戦している」と言われるが、僕が特段イノベーティブなわけではない。クラシック業界以外の人たちが普通にやっている当たり前のことを、自分もやろうとしているだけだ。

ＴＢＳの看板番組「情熱大陸」は、そう何度も出演できないことで知られる。どういうわけか、僕は２０１６年10月の放送に続いて２０２０年８月にも取り上げていただいた。そしてさらに、ディレクターがショパンコンクールへの挑戦に密着し、２０２１年11月に三度目の「情熱大陸」放送が実現した。

ショパンコンクール第２位と「情熱大陸」が絶大な効果を発揮して、僕のコンサートは今ものすごく注目されているようだ。今の日本で、まさかショパンとクラシック音楽がこんなに注目されるとは思わなかった。一部のクラシック好きしか聴いてくれなかったジャンルが、マス（大衆）に届きつつある。日本には、クラシック音楽の聴衆を掘り起こせる潜在的可能性があるのだ。僕はその可能性にかけて、日本で史上最大のクラシック音楽ブームを巻き起こしたい。

アニメ音楽や映画音楽とクラシックの融合

アメリカのボストン交響楽団（Boston Symphony Orchestra）はとても格式の高いク

ラシックの名門オーケストラであり、世界的に名前が知られている。この楽団が、オフシーズンになるとボストン・ポップス・オーケストラ（Boston Pops Orchestra）に様変わりすることをご存知だろうか。超一流のオーケストラが野外コンサートを開き、誰もが耳にしたことがある映画音楽を演奏する。リラックスした人々が「ヒューヒュー！」と大騒ぎして、老若男女が音楽を楽しむ。

ジョン・ウィリアムズといえば、「ジョーズ」「未知との遭遇」「スーパーマン」「スター・ウォーズ」「インディ・ジョーンズ」「ハリー・ポッター」など数多の映画音楽を手がけてきた映画音楽界のリビング・レジェンドだ。卒寿（90歳）の誕生日を迎えた2022年にも、彼は現役でステージに立って指揮を執る。2021年10月には、世界最高のオーケストラであるベルリン・フィルハーモニー管弦楽団とともに「ハリー・ポッター」「スーパーマン」など自分が手がけてきた名曲群を披露した（ライブレコーディングしたCDがあるので、皆さんもぜひ聴いてみてほしい）。

「クラシック音楽はちょっとハードルが高いな」と感じる子どもであっても、「ハリー・ポッター」やディズニーアニメ、「新世紀エヴァンゲリオン」や「鬼滅の刃」の音楽を聴けば皆が熱狂する。第1部はスタジオジブリのアニメ音楽や映画音楽、第2

部はクラシック音楽と、趣向を凝らしたコンサートを企画するのもいい。

宮崎駿監督のアニメ音楽や、北野武監督の映画音楽を数多く手がけてきた久石譲さんは、子どもたちや若者から人気だ。久石さんがベートーヴェンを振れば、普段クラシック音楽を聴かない人もコンサートホールまで聴きに来てくれる。多くの観客をクラシック音楽に誘導するために、いろいろな導線がありうると思う。

テレビ番組で知り合った芸能人と協力して、ダンスとピアノ演奏のコラボ、朗読とピアノのコラボ、日本舞踊や邦楽とクラシックの異種格闘技戦もできるかもしれない。

小さいころ、僕にとってピアノは遊びであり趣味だった。こういう言い方をすると怒られてしまうかもしれないが、今でもピアノは遊びであり、自分が好きな最大の趣味だと思っている。楽しくてたまらないので夢中になってピアノを弾いていたら、いつの間にかまわりが「ピアノは反田恭平の職業だ」と言うようになっただけのことだ。

自分が好きなピアノの魅力、クラシック音楽の魅力を、一人でも多くの人に知ってもらいたい。気づいてもらいたい。ピアノとクラシック音楽の魅力を広げるためならば、僕はいくらでも心血を注ぐつもりだ。

ピアニストから指揮者へ

オーケストラの指揮者は、まるで魔法使いのように音楽の表現方法を演奏者に伝達する。言葉のチョイス、立ち居振る舞いと体の微細な動きによって、言語の壁を超えて万国共通でコミュニケーションを取ってしまう。その指揮者の技術を、僕はこれからどしどし磨いていきたい。

指揮者になることは、小さいころからずっと目標だった。音楽家としての一つの理想像は、レナード・バーンスタイン、ダニエル・バレンボイム、ミハイル・プレトニョフ、そしてチョン・ミョンフンのように、ピアニストでありながら指揮者を務めることだと思っている。70歳、80歳になっても円熟の大指揮者として人々に感動を与える人生を歩みたい。

英検やTOEIC、医者や弁護士の国家試験のように、ピアニストや指揮者を評価する客観的基準があるわけではない。極端な話、ピアニストや指揮者という職業は誰でも自称可能だ。それでも音楽をやる以上、「あいつはただの自称指揮者だ。ピアノだけ弾いていればいいのに」と言われる平凡な音楽家で終わりたくはない。

ピアノでショパンコンクール第2位まで昇り詰めることができたのだ。まずはジャパン・ナショナル・オーケストラで弾き振り（指揮者兼ピアニスト）を務めたり、ピアノは誰かに任せて専任で指揮者を務めながら、人の心に何かを残せる指揮者になっていきたい。ゆくゆくは海外のオーケストラで指揮を振り、オペラでも指揮を振るのが夢だ。

譜面を読む読譜能力と世界で通用するピアノの技術は、ショパンコンクールの結果で公正に認められたことでさらなる自信につながった。次は指揮者としてのテクニックを着実に身につけ、経験と場数を踏む必要がある。ジャパン・ナショナル・オーケストラのメンバーと切磋琢磨しながら、ともに腕を磨いて向上していきたい。20名いるジャパン・ナショナル・オーケストラの音楽家は、指揮者としての僕を育ててくれる同志であり、先生だと心から信頼している。

ステージに上がり、指揮台に立っただけで、音楽が全身から滲み出てくる。存在感が湯気を上げて沸き立つような指揮者になりたい。優れた指揮者は、指揮棒を振る前からすでに「場」を支配する圧倒的な力をもつ。武道家がそこに向き合っているだけで、目に見えない間合い合戦が始まっているようなものだ。

指揮者の中に、話が下手な人は一人もいない。音が出せない分、自身の音をオーケストラに伝えること、「言葉」が大切になってくる。

小説や詩集を読んでいるときに見つけた、幻想的できれいな一節を抜き出すのもいい。文学や哲学、宗教、そして歴史、すべては指揮者にとって必要な知識だ。

語彙と知識を頭の中に豊富に蓄え、僕はこれから指揮者としての哲学を育んでいきたい。

音楽学校設立プロジェクト

十数年後を目標に、日本で音楽の学校を設立したい。東京藝術大学や桐朋学園大学をはじめ、日本の音楽学校は先生も授業内容も、素晴らしいレベルに達している。にもかかわらず、優秀な外国人音楽家が日本に留学してクラシックを勉強していないのが現実だ。

パンデミックが始まる前まで、全国各地を多くの外国人が訪れていた。一時は「年間4000万人時代」がすぐそこまで見えていたほどだ。だが来日する人々のほとんどはインバウンド（外国人観光客）であって、日本に音楽留学してくれる外国人は皆無に等しい。

僕は近未来に、アジア諸国やヨーロッパ諸国の音楽家が「ここに留学したい」と本気で目指してくれる音楽学校を作りたい。形態はいわゆる大学とは少し異なり、フランス語で言うところのコンセルヴァトアール、音楽専門学校だ。

この学校には、現段階で二つの棲み分けを作りたいと思っている。第一に、プロの演奏家から直接指導を受けたい学生を受け入れる。第二に、選りすぐりの成績優秀者だけを対象に「ハイパー・ソリストコース」とでも言うべき特別コースを作る。このコースに進む学生は特待生として、全員の学費をタダにする。寮の入居費もタダだ。お金持ちであろうが苦学生であろうが、音楽の才能さえあれば誰でも一流講師について勉強できる。国内のみならず世界に門戸を開き、「ハイパー・ソリストコース」で凄腕の音楽家を育成していきたい。

この学校で学ぶ学生が、ジャパン・ナショナル・オーケストラとコラボして演奏会に出演できる枠組みも準備する。ただ単にゲストとして共演するだけでなく、卒業生がプロの音楽家として新たなメンバーに加わる道を作りたい。

１００年前のオリンピックでは、まさか人類が１００メートル走で10秒を切るなんて誰も想像もしなかった。技術と道具が進歩し、スポーツ医学に基づいて科学的にアスリートを育成していった結果、１００メートル走を9秒台で走るアスリートが誕生した。

音楽もスポーツと同じく「アーティストにはこういう身体能力がある。こういうふうに体を鍛え、ここの部位を動かせば、音楽表現は確実に変わる」と科学的に指導していけば、世界で通用するレベルまで実力は上がっていく。

モスクワやワルシャワに留学すること、ショパンコンクールに挑戦することには「世界中の音楽家とツーカーの友だちになる」という目論見もあった。海外で知り合った音楽家の友だちにメールやメッセンジャーで一本連絡を取れば、彼らはゲスト講師として日本にやってきてくれる。

「あそこの音楽学校には、すごい講師が世界中から集まる。ここで音楽を勉強すればうまくなれる」

「ここの学校を卒業すれば、関係者から注目される」

そう言って、皆がこぞって留学してくれるような音楽学校に発展させていきたい。

現状、海外から来日してくれる外国人の先生は、せいぜいセミナーを開く2週間しか日本に滞在してくれない。2週間で集中講義を受けられるのは効率的ではあるものの、どうしてもセミナー向けの促成栽培型レッスンになってしまう。

アーティスト・イン・レジデンス方式で、半年なり1年なり日本に定住してもらい、音楽学校で先生と学生がファミリーのように過ごす。食事をともにし、プライベートな相談にも率直に乗ってもらいながら、膝詰めでとことん音楽を教えてもらうのだ。

文化芸術後進国・日本の怠慢

ショパンコンクールで日本人ピアニストが第2位に入賞したのは、1970年の内田光子さん以来僕が51年ぶりだ。

韓国でも中国でもベトナムでも、ショパンコンクール第1位のピアニストはとっくに誕生している。日本は世界第4位の経済大国であるにもかかわらず、未だに出遅れて世界一を生み出せていない。

もちろん根本的には、ひとえに音楽家本人の実力が至らなかったということだとは思う。その上で敢えて苦言を呈したい。日本政府が文化・芸術の支援に力を入れるどころか、個々人の努力に任せて放置プレイしている現状には堪えられない。

国家予算全体に占める文化予算の割合は、韓国が1・09%、フランスが0・89%、ドイツは0・43%あるのに対し、日本はわずか0・10%だ（2016年／一般社団法人　芸術と創造の資料より）。フランスや韓国が日本の10倍近い体制で国を挙げて音楽家を支援しているのだから、日本がフランスや韓国に負けるのは当然だと思う。

海外の大学に音楽留学するためには、多額の学費と渡航費用、生活費がかかる。ビザを取得するだけでも、ものすごい量の書類を提出して申請しなければならない。文化庁が若い音楽家に助成金をバンバン出し、経済的に支援してくれれば、どれだけ助かるか。ビザがスムーズに出るよう、支援体制を整えるだけでも負担はグッと減る。

ショパンコンクールで第2位を受賞した直後、文部科学省や文化庁の官僚から「反田さんの意見を聞かせてほしい」とブレイン・ストーミングのような懇談会に呼ばれたことがある。失礼を承知で「今日はボロクソ言います」と断りを入れ、「僕が生まれる前から過去半世紀、文部科学省と文化庁は何をやってきたんですか」とメチャクチャに駄目出しをした。

2倍、3倍どころではなく、文化・芸術振興予算は増やすべきだ。新型コロナのパンデミックで芸術家が危機に瀕していたとき、日本政府の支援はあまりに乏しかった。そういうときは物量作戦で圧倒的バックアップをするべきだし、ポストパンデミックの時代に向けて体制を大幅増強するべきだ。

隣国・韓国は「我々は文化・芸術のソフトパワーによって発展していく」という旗《き》幟《し》を鮮明にしている。だからポン・ジュノ監督の映画「パラサイト」が米国アカデミー賞で作品賞・監督賞・脚本賞など主要部門を総なめにし、カンヌ国際映画祭でパルムドール（最高賞）に輝いた。韓国映画もNetflixの韓国ドラマも世界中でものすごい人気だし、BTSはグラミー賞にノミネートされるようになった。

映画、演劇、音楽などの文化・芸術を、国を挙げて応援する。その努力が結果として結実しているのだ。文部科学省と文化庁は、いつまでも及び腰であってはならない。この点は政治家の皆さんに、政策を思い切って方向転換するべきだと申し上げたい。

クラシックは人の心を豊かにする。演奏した曲の時代背景や当時の暮らしぶりに耳を凝らし、音を感じる体験は読者の方にもおすすめしたい。

奈良を日本のワルシャワへ

ジャパン・ナショナル・オーケストラは、前述した通り、東京を避けて敢えて奈良を拠点にしている。それにはもちろんいくつもの理由がある。

今から1300年前、奈良には平城京という首都があった。中国大陸や朝鮮半島から最先端の文化・芸術が注ぎこまれたおかげで、日本は見違えるように様変わりしていった。大仏をはじめ、奈良には当時の仏教文化の遺産が数多く残されている。「この文化遺産を何百年も何千年も大切にしていこう」という謙虚な姿勢が、奈良には満ちあふれている。

ポーランド人は国家に対する思い、祖国に抱く愛情が強烈であり、どこまでも深い。これは奈良の人々にも共通する。奈良で暮らしていると、ワルシャワに共通するものをいつも感じるのだ。

すぐ近くに京都市立芸術大学という立派な大学があるため、奈良で音楽を志す学生はたいてい京都市立芸術大学に行ってしまうけれど、いずれ音楽学校を設立した暁には、全国、全世界から音楽家が奈良を目指す流れを作りたい。

２０２２年4月、僕は奈良県の文化政策顧問に就任した。奈良県はもちろんのこと、ジャパン・ナショナル・オーケストラと奈良市の連携協定も結んでいる。

地方都市にいくらお金をかけて立派なホールを作ったところで、お客さんがホールに来なければ意味はない。立派なハコモノがあるのに閑古鳥が鳴くようでは悲しすぎる。奈良県内や近隣の自治体から、小中学生や高校生がバンバン音楽を聴きに来る。ときにはアマチュアの演奏家とジャパン・ナショナル・オーケストラが一体になって、皆で音楽を楽しむイベントを開催したい。音楽の街・奈良で、子どもも若者も高齢者も、誰もが音楽を楽しめるフェスティバルを立ち上げるつもりだ。

さらなる夢として、10代や20代の若手音楽家や指揮者を発掘する国際音楽コンクールをいつの日か奈良で立ち上げたい。僕がワルシャワのショパンコンクールを目指したように、世界中の音楽家が奈良に思いを馳せ、コンクールで芸術的完成の高みへ至る。世界中の人々を魅了する音楽家が、このコンクールから次々と誕生すれば素晴らしいではないか。

地方都市の隅々にまでインフラが整い、世界一安全で安心な街づくりに成功した日本にとって次に必要なのは、ソフトパワーにほかならない。イデオロギーの違いによって国と国がぶつかり合い、ハードパワーによって武力衝突する殺伐とした世の中だ。青臭い言い方だが、今の嫌な流れを、僕は音楽の力によって変えていきたい。

第7章

僕を支えた天才たち

幼なじみ・小林愛実との青春の日々

僕のまわりには数多くの天才と呼ばれる人が存在する。その中でも、刺激をもらい支えられ、ときにはその才能に嫉妬を覚えた二人の天才を紹介したい。

２０２1年10月、ショパン国際ピアノコンクールで小林愛実さんが第4位に輝いた。実は彼女と僕は、偶然にも地元が一緒で、ランドセルを背負って同じ音楽教室に通った幼なじみだ。その小林さんと一緒にショパンコンクールのファイナル（本選）ステージに立ち、お互いに入賞できたことは心底うれしかった。

僕は１９９4年9月生まれ、小林さんは１９９5年9月生まれだからちょうど1歳の年の差がある。幼稚園時代から小学校を通じてサッカーに夢中だった僕とは違って、彼女はピアノ一筋で人生を歩んできた。

3歳のときにピアノを弾き始めると、7歳にしてオーケストラとの初共演を果たす。9歳のときには、音楽家なら誰もがあこがれるニューヨークのカーネギーホールで演奏した。惜しくも入賞は果たせなかったものの、2015年10月のショパンピアノコンクールでは予備予選から勝ち上がり、ファイナリストとして堂々たる演奏を見せた。

僕がピアノを始めたころ、小林さんはすでに「天才少女現る」とその名を全国に轟かせていた。山口県宇部市出身の小林さんは、小学5年生のときに一家揃って東京に引っ越してくる。桐朋学園大学音楽学部附属の音楽教室で一緒にピアノを学ぶ仲間となり、すぐに親しくなった。

家族ぐるみで徹夜で遊んだり、ドライブに出かけたり、夏場には花火をやって遊んだこともある。中高生になってからも、仲良く切磋琢磨していった。実家が近くにあったため、よく一緒に歩いて帰ったこともある。

一人っ子の僕にとって、小林さんはライバルであるが、僕が年上ということもあり、兄貴風をよくふかせていたものだ。

「幼なじみっていいな。まるで実の妹みたい。というよりも、実の妹よりも最高に仲良しじゃないか。この子とは一生のつきあいになるのだろうな」

僕がモスクワへ、彼女がアメリカへ留学してからも、しょっちゅう連絡を取り合った。二人とも負けん気が強いから、自分の弱みは見せない。留学の苦しみ、乗り越えなければいけない課題について愚痴を言うこともなく、つらさや苦しみは咀嚼して飲みこむ。

自分と同じく、彼女も留学先で大変な苦労を味わっているに違いない。

小林愛実というピアニストは、僕にとって妹のような存在であり、同志でもある。ともにショパンコンクールを戦った戦友であり、ときには背中を追いかける天才でもあった。小さなころから今に至るまで、お互い追いつけ追い越せの精神でピアノを弾いてきた。「彼女にはとてもかなわないな」と舌を巻いたこともある。そう思うほど天才的な小林さんがいてくれたおかげで、僕も必死でがんばれたのだ。

順位のつく非情な世界

僕にとって、2021年10月のショパンコンクールは最初で最後の大勝負だ。前回（2015年）のショパンコンクールのファイナリストである小林さんがいてくれたのは、何ものにも代えがたい力となった。ショパンコンクールのステージに初めてのぼり、こんなにも壮絶なドラマがいくつもあるとは思わなかった。

「このとんでもないプレッシャーにさらされる過酷な日々を、彼女は一度ならず二度も経験したのか。2015年に一度目のすごい経験を積んだあとも、彼女はこの6年間まったく変わらずつきあってくれた。小林愛実はものすごい経験を積んだピアニストなんだな」

あらためて彼女への尊敬の思いが湧き上がった。

コンクールとは残酷なものだ。幼なじみの二人がファイナルステージまで進んだあと、二人揃って同率1位になれるわけではない。ほかのファイナリストと同じく、彼女も1位の頂を目指していたはずだ。

彼女以上に負けず嫌いで、強い信念をもった女性を僕は知らない。家族のように大切に思ってきた幼なじみとの関係が、コンクールの順位のせいで崩れてしまうのではないかと、とても不安だった。

「これから先、オレたちの仲はギクシャクするかもしれないな」

「最悪の場合、二人の人間関係は終わってしまうかもしれない」

コンクールが終わったあと、深刻な懸念がしばらく頭の中で渦巻いた。

二人の結果が違っていたらこれまたどうなっていたかわからない。僕にとっては、ショパンコンクールのファイナルまで行くことが第一の目標だった。もちろん1位になれれば言うことはないが、たとえ違う順位であったとしても、その結果には納得していたと思う。

ショパンコンクールが終わったあと、一人の人間としての振る舞いと人間性が、我々二人に鋭く問われていた。

コンクール後に生じた葛藤と心の隙間

ショパンコンクールの結果発表を迎える直前、二人で一緒にご飯を食べながらこんな会話をした記憶がある。

「この先どうなっちゃうんだろうね。結果がどうであろうが、私たちの関係は変わらないままでいようね」

そう小林さんは言ってくれた。

前回のショパンコンクール優勝者や入賞者は、小林さんが上位に入賞するのを期待して会場まで演奏を聴きに来ていた。結果発表が出た瞬間から、彼女は前回のコンクールの入賞者たちに取り囲まれていた。しかも前回の入賞者の中には、小林さんと同じアメリカのカーティス音楽院で勉強している学友がいる。同じ先生に師事している門下生や、同じ寮で暮らしている子もいて、結束は強かった。

幼なじみだからといって、僕がしゃしゃり出てその輪の中に加わるのは違うかな、と思った。コンクールが終わったあと、二人の間に微妙な距離が生まれた。僕は僕でコンクールの結果と向き合い、これから小林さんとどういうふうに接するべきか、自省する時間、内省の時間が必要だった。だから敢えて彼女と距離を置いた。

新型コロナウイルス感染症の影響によって、日本に帰国してから自宅隔離期間が2週間あったのは幸いだった。この2週間、彼女は自分を見つめ直す時間を家族と一緒に過ごした。反田家と小林家は家族ぐるみのつきあいなので、小林さんのお母さんとはちょくちょく連絡を取った。

「愛実さんは元気にしてますか？　部屋にこもりっきりじゃないですか？　話をしたりしていますか？」

ときどきそんなふうに探りを入れた。彼女が尊敬に値するのは、たとえ複雑な思いを抱えていようが、自分の中でジレンマを昇華して前を向けるところだ。

それからしばらくして彼女と会ったのは、テレビの収録現場だった。二人揃ってショパンコンクールの特集を組んでもらったため、テレビ朝日の楽屋での対面だった。コンコンと楽屋のドアをノックして「失礼します。お元気ですか」と、わざとかしこまって挨拶した。ショパンコンクール以来、微妙な距離が生まれてから初めての会話だ。すると彼女は満面の笑みで「久しぶり！」と楽屋の中に迎え入れてくれた。あのときの彼女の表情を見た瞬間、緊張は安堵に変わった。

「自分の中でいろいろな感情を整理したんだな。彼女とまた会えて、良かった……」

そこからは、ともにショパンコンクールを戦った戦友として新たな友好関係を築けるようになった。コンクールでの戦いを通じて、彼女は大人として成長したと思う。僕もコンクールの経験を経て、音楽的にも人間的にも大きく成長できた。コンクールで何位を取ろうが、長い音楽家としての人生の中では、日々の営為の一コマにすぎない。

ピアニストにとって、コンクールの結果より大事なことはいくらでもある。結果が何位であろうが、偉ぶることなく増長することなく、腐らず永遠の成長を続ける。挑戦者としての真摯な姿勢を、僕たち音楽家は絶対に忘れてはならないのだ。

目で譜面を読みこむか　耳で直感的につかみ取るか

高校生時代の僕には、小林愛実さんがどんな気持ちでピアノを弾いているのかよくわからなかった。幼少期からピアノ一筋であっただけでなく、彼女は一ケタの年齢からプロとして生きてきた。僕にとってピアノが趣味であり、遊びだったころ、彼女にとってピアノはすでに職業だったのだ。

アーティストとしてお金を稼ぐことが、どれほど大変か。桐朋学園大学附属の音楽教室に通っていた時代、職業としてのピアニストの大変さを知っていた子どもは彼女だけだった。

モスクワ留学のための学費と生活費を捻出するため、僕は日本国内で定期的にリサイタルを開いてお金を稼がなければならなかった。プロのアーティストとしてお金を稼ぎ、ピアノによって食べていくことの意味合いが身をもってわかり始めると、彼女とより深い話をできるようになった。今にして思えば、僕が早く自分に追いついてくれることを彼女は辛抱強く待っていたのかもしれない。

小さいころにプロのピアニストとしてデビューし、天才少女と持ち上げられてコンサートを開く中、彼女もいろいろな大人を見てきたと思う。中には彼女をうまく利用しようとする人だっていただろう。最終的には自分の殻に閉じこもって内省し、自分の判断を信じて歩むほかない。とても孤独で寂しかったはずだ。僕と同じように、ピアノなんてやめてしまおうと深く思い悩む時期もあったと思う。

小林愛実が生きる道は、ステージにしかない。ショパンコンクールに臨んだときのプログラミング（選曲と組み立て）のセンス、パフォーマンスにおける直感と集中力は化け物レベルだ。音楽さえあれば、ほかには何も必要ない。彼女は生粋の音楽家、そして芸術家なのだ。

僕は譜面を読む能力が長《た》けていると自覚しているし、ピアノコンチェルトは常時25曲は頭の中に入っている。譜面を徹底的に読みこみ、膨大な数の音の大群を常に記憶しているから、「ピアノコンチェルトのピンチヒッターをお願いできませんか」とコンサートの3日前に頼まれてもステージに立てる。役者の世界に喩えるならば、正味

40分の台本が25本まるまる頭の中に入っているようなものだ。

僕が目で見て譜面を覚えるピアニストであるのとは対照的に、小林さんは耳で聴いた瞬間たちまち譜面を記憶してしまう。その速度は尋常ではない。さらに直感と動物的勘に基づいて演奏できる。僕が先生だとすれば「こんな生徒がいたらさぞかし楽だろうな」と思うだろう。並外れた稀有な耳をもつ小林さんは、神に祝福された天才にほかならない。

もう一人の天才・務川慧悟

1993年4月生まれの務川慧悟さんは、僕より1歳年上のピアニストだ。小林愛実さんとともに、同世代の音楽家として務川さんのことを心から尊敬している。

僕と務川さんが1位を獲得した日本音楽コンクール以降、僕は彼の動向を気にしていた。僕が一歩早くモスクワへ留学したあと、務川さんは順調にピアニストとしての階段をのぼっていった。フランスのエピナル国際ピアノコンクール（2015年）で2位に輝き、イル・ドゥ・フランス国際ピアノコンクール（2016年）でも2位を勝ち取ったのだ。

時は流れ、2018年11月、僕は株式会社NEXUSを設立して代表取締役社長に就任した。僕の会社設立と同時期に務川さんは第10回浜松国際ピアノコンクールに出場していた。務川さんの挑戦を見届けようと予選からネット配信で見ていた。画面から伝わる務川さんの音色と表情はとても静謐《せいひつ》でありながら内側からほとばしる情熱を感じた。

「務川さんの描く世界を全身で感じたい。このコンクールの行方を目撃しなければ絶対に後悔する」

僕はその衝動を抑えられず体が勝手に浜松へ向かっていた。ファイナルの演奏を会場で鑑賞することができた。演奏を聞いて僕は彼の上位入賞を確信していた。結果は惜しくも5位に終わったが、僕の中に滾《たぎ》る気持ちは変わらなかった。「務川さんとこの人生を通してともに活動していきたい」と心から思い、「NEXUSの所属アーティストとして活動しませんか」と務川さんを誘った。

ほぼ同い年の男性ピアニストだけに、僕が作った事務所になんて入りたくないと思われても不思議ではなかった。僕の不安な気持ちは杞憂に終わり、務川さんは快く僕の誘いに応じてNEXUSの所属アーティストになってくれた。所属が決まってから、務川さんは大車輪の活躍をしてくれた。ジャパン・ナショナル・オーケストラのコンサートで客演をしてくれたり、僕と二人で連弾のデュオコンサートに参加してくれた。務川さんとのデュオコンサートは僕の希望でいち早く行った。お互い演奏家としての性質が180度違うことで新たな化学反応が生まれ、三度行ったコンサートは大好評に終わった。今後も一生を通して務川さんとのデュオコンサートを行っていきたい。

務川さん個人の躍進は止まらない。2019年には、パリのロン＝ティボー＝クレスパン国際コンクールで2位に輝く。このときも急遽パリへ直行してコンクール会場に足を運んだ。正直に言って、あのとき僕は嫉妬でとても耐えられなかった。もちろん同世代の日本人ピアニストが活躍するのはうれしいのだが、「先を越された」という思いが大きくなってしまったのだ。活動の拠点が広がり、世界が開けていけば、務川さんはどんどん遠くに行ってしまうかもしれない。寂しさと焦りが募った。

ポーランド・ワルシャワのショパン国際ピアノコンクール、ロシア・モスクワのチャイコフスキー国際コンクール、ベルギー・ブリュッセルのエリザベート王妃国際音楽コンクールは「世界三大コンクール」と讃えられる。2021年5月、務川さんはエリザベート王妃国際音楽コンクールで3位に輝いた。これは大変なことだ。

NEXUSの所属アーティストの中で一番の成績を、彼は誰よりも早く出してくれた。会社の社長としてありがたく思い、友人として涙が出るほどうれしかった。が、同時に強い危機感にも駆られていた。

「務川慧悟という天才ピアニストを、NEXUSは失うわけにはいかない。『これからも反田と一緒に音楽を続けたい』と彼に思わせるためには、オレががんばるしかない」

だからこそ、僕は5カ月後のショパンコンクールでなんとしても結果を出さなければならなかったのだ。

務川慧悟という良きライバルがいてくれたおかげで、シーソーゲームで競り合うように刺激し合い、お互いコンクールでがんばれた。

読書家であり、思想家か哲学者のような相貌すら兼ね備える彼の深みには、いつも感服させられる。三度目の「情熱大陸」でショパンコンクール期間に密着してもらい、務川さんとのシーンが何度か映っていたが、コンクール期間中も幾度となく、アドバイスをもらった。あのとき、務川慧悟という存在がいなければどこかで挫ける瞬間があったかもしれない。これからもお互い切磋琢磨しながら成長していきたい。彼が近くにいてくれることには、いくら感謝してもしきれない。

おわりに

小学生のとき手首を骨折していなかったら、僕はプロのサッカー選手を目指していたかもしれない。あのとき、勇気を出して指揮台に立たなければ、クラシック音楽を好きになっていなかったかもしれない。趣味であり遊びであるピアノを職業に選んだのは、運命のいたずらだ。サッカーをやって生きていく人生に見切りをつけて、ピアノと音楽に人生をかける。その選択は誤りではなかった。

チェーホフ（ロシアの劇作家）はこう言ったそうだ。

「芸術家の役割は問うことであり、答えることではない」

わからないことがあれば、Googleで検索すれば何でも2〜3秒で答えが見つかる。調べものがあるときには手っ取り早くWikipediaにアクセスし、辞書や百科事典なんて見向きもしない。そんな時代を生きる人々は、音楽に何を求めるのだろう。仕事の課題や人間関係、病気や家庭環境の問題など、誰もがさまざまな悩みや苦しみを抱えている。「どうすれば問題が解決するだろうか」とGoogleやWikipediaに問いかけたところで、コンピュータやＡＩが難題を解決する答えを出してくれるわけではない。

では芸術家がかわりに答えを出せるのか。そんなおこがましいことは、少なくとも僕にはできない。ピアニストは音楽家が書き上げた譜面の行間を読みこみ、音楽家が言いたかった意図を骨の髄まですくい取ろうとする。譜面を書き上げた時点で、音楽家の仕事はいったん終わる。演奏者は答えのない問いと向き合い、戦い続けなければならない。

２００年前、３００年前に書き遺された譜面と真正面から向き合い、歴史上の音楽家と内心の対話を続ける。その対話の成果を、そして、アーティストとしての意地を僕はコンサートホールで表現しているのだ。

ショパンコンクールへの挑戦もまた、ショパンとの終わりなき対話の成果だった。

コンクールが終わった今も、「これがショパンの言いたかった正解だ」という明確な答えなんて出ていない。僕の演奏を聴いた皆さんは、またそれぞれまったく異なった解釈をすることと思う。音楽を媒介として、皆さんの頭の中でさまざまな人生模様が交錯するはずだ。

チェーホフが言うように、どこまでも謙虚な姿勢でショパンとの対話を続け、音楽を探求する悠久の旅を死ぬまで続けたい。聴衆の皆さんに、いつまでも問いを投げかけ続けたい。

小学生、学生、サラリーマン、専業主婦、仕事を引退した高齢者に至るまで、コンサートホールにはあらゆる年齢層の観客が来場する。職業の内容や趣味嗜好は、文字どおり千差万別だ。

コンサートホールに来てくださった一人ひとりの心の中に、音楽を響かせたい。心の中の灯火をともしたい。だから今日も僕は全身全霊でピアノを弾く。今この瞬間、この場所でしか出せない一音を求め、求道者としてどこまでも音楽を追究したい。

チェーホフは叫んだ。

「くすぶるな、燃え上がれ」

中途半端な演奏でステージをあとにすれば、燃え殻が嫌な残り香を与える。小さな火種をくすぶらせることなく、コンサートホールの天井まで火柱が燃え上がるほど完全燃焼する。そんな演奏によって、人々の心を揺り動かしたいのだ。

最後に、ここまで目を通してくださった皆さんに伝えたいことがあります。

音楽家になろうが、何の職業に就こうが、生きることに対しての強い信念をもって歩むべきです。たまたま僕は音楽という畑にいて、時が来たら畑を耕し、種を蒔き、少し成長したら水を撒いて、陽に当てる作業の繰り返しを経てここまで来ました。その過程には様々な苦難があるし、危険に晒されることもあるかもしれません。喜怒哀楽から外れた複雑な感情の波に飲まれることだってあります。けれど、雪が降ろうが、嵐が突然やってこようが、地盤を固め、これを育てたいんだ、こういう人になるんだという信念をもっていれば、きっと芽吹くときがきます。

今、僕は子どものころに抱いた夢を叶え、また新たな挑戦へと足を進めています。確かに、夢をもつということは大事ですが、夢をもっていない人にそれを強制しても、プレッシャーでしょう。だから僕は、皆が夢を必ずもてとは思いません。でも、今自分の目の前にあることを突き詰めてやり抜くことは誰にでもできるはずです。

あのとき、名古屋の社宅に1枚のチラシが投げこまれなければ、音楽に興味をもたなかっただろうし、音楽から離れていれば、世界中の人々の耳に届く音を奏でるようになってはいなかったでしょう。学生時代はヤンチャをして、ピアノとうまく向き合いきれなかった時期もありました。行き場のない気持ちをぶつけ、もうやめてやる！と自暴自棄になる日もありました。

天賦の才が備わっていれば……と思うことなんて日常茶飯事です。そんな紆余曲折を経てなんとか音楽を続けています。あきらめず、続けることの意味を僕の人生をもって証明できました。

人生とは、終止符のない音楽なのだ。

本書は小中学校で同窓生だった木内旭洋君の企画・編集、ライターの荒井香織氏の構成力、素敵な装丁を手がけてくださった戸倉巌氏、僕のマネジメントをしてくれている蛯原若枝さんなくしては、この世に誕生しませんでした。幻冬舎の見城徹社長ならびに木内君に深く感謝申し上げます。

また読者の皆様、僕の人生の一片を本書を通して少しでも感じ取っていただければこんなに嬉しいことはありません。僕はこれからも音楽を続けていきます。

それでは、皆さん、会場でお会いしましょう。

２０２２年７月吉日　反田恭平

◉文庫版 新章

終止符のない人生

ショパンゆかりの地・ワルシャワとの別れ

２０２０年10月（実際はパンデミックにより２０２１年10月に開催）のショパン国際ピアノコンクールで「冠」（タイトル）を獲る。そのためにワルシャワ留学を決めた僕は、２０１７年10月からポーランド国立フレデリック・ショパン音楽大学（旧・ワルシャワ音楽院）研究科で学んだ。

ショパン音楽大学は2年ごとの周期で修了となる。２０１９年の段階で、すでに試験を一通りクリアして最優秀で修了していた。でもショパンコンクールで思いきり戦うためには、もっともっと勉強したい。「まだ研究科で勉強させてください」とお願いして、引き続きショパン音楽大学で音楽を学び続けた。

ショパンコンクールが終わったとき、学長はじめ、事務局の皆さん、そして先生方は大喜びしてくれたものだ。師匠は僕のメダルを見て、「自分のより輝いているよ。ここにいる誰よりもショパニストだね」と言った。「もはや誰も君をジャッジする人はいない」とワルシャワ式ジョークで笑われ、以後の試験はなくなった。僕にとってワルシャワで果たすべきミッションのマストは、ショパンコンクールの冠を得ることだった。それを実現できた今、音楽家として次の段階へ進もうと決めた。5年余り在籍したショパン音楽大学で学ぶべきことをすべて学び尽くし、やり切ったとも感じていた僕は、恩師たちに手厚く御礼を申し上げてワルシャワのアパートを引き払うことにした。

ピアノを指導してくれた恩師との最後のレッスンでは、「もう君のことを弟子とは思っていない。新たなパートナーとして、音楽家として君と接している。その上で、もし『ここをどう弾いたらいいのかわからない』という疑問があれば、いつでも連絡をしておいで。一緒に考えよう」と言ってくださった。あまりにもうれしいお言葉だ。

こうして2023年初春、ワルシャワのアパートを引き払ってポーランドをあとにした。ショパンが生きた時代のポーランドの歴史から文化から何から、全身で吸収してきた5年余りだった。後ろ髪を引かれる感覚がゼロだったと言えばウソになる。小さな葛藤はもちろんあったが、寂しさに引きずられて名残惜しさを抱えたままワルシャワに別れを告げたわけではない。

ショパンコンクールの運営事務局が主催する音楽祭やコンサートに、これから出演のお話をいただく機会は絶対あると思う。だからワルシャワに二度と帰ってこないわけではない。しばしの別れ。再びワルシャワの地を訪れたとき、音楽家としてさらに成長した姿を見てもらいたい。その日に向かってひたすら精進するばかりだ。

ウィーンへの移住

モスクワ、ワルシャワを経て、次の拠点はオーストリアのウィーンに移すことに決めた。2020年から指揮を習い始め、ウィーンにも家を借りようと、2022年の秋に素敵なご縁から無事契約。翌年ワルシャワからピアノが輸送され、引っ越しが完了した。

ウィーンの地は、音楽家にとってこの上なく恵まれた環境だ。ここは音楽の都だから、ピアノやヴァイオリンのソリストのコンサート以外にも、オペラからシンフォニーまで何でも自由自在に聴ける。なんといっても地元にはウィーン・フィルハーモニー管弦楽団がいるため、最高すぎる環境だ。

スケジュールがポコッと空いたときには、ウィーン・フィルの当日券を求めてコンサートホールへ駆けこみ、思いきり刺激を受けて帰ってくる。疲れたなとか、気分転換をしたいなと感じるときは、一休みしてコンサートホールへ足を運ぶ。ほかの音楽家の演奏を聴いて自分の引き出しにするのだ。

こうした生活を送りつつ、実は僕の足場はウィーンだけにあるわけではない。ジャパン・ナショナル・オーケストラの拠点は奈良、そして日本全国。それからアジア、ヨーロッパ。呼ばれたところには世界中周る。

あちこちを移動しながら演奏会を開く生活は、音楽家にとってとても良い。どこにいても刺激に満ちあふれ、音楽を紡ぎ出す上での新鮮なインスピレーションを得られる。

奈良・東大寺の奉納公演

２０２３年10月14日、僕とジャパン・ナショナル・オーケストラのメンバーは奈良の東大寺にいた。大仏殿の前庭で奉納公演をするのだ。

東大寺は１９９８年、ユネスコ（国連教育科学文化機関）によって世界文化遺産に登録された。大仏殿は、木造建造物としては世界最大級の傑作。

大仏殿の内部には、像高14・９８メートルもある巨大な大仏が納められている。顔の長さは５・３３メートル、目の長さは１・０２メートル、福々しい耳の長さは２・５４メートルもあるというから驚く。実際に現物を目にすると、その巨大なスケールと荘厳さにひたすら圧倒される。

その東大寺を開山した良弁《ろうべん》僧正は、宝亀４年（西暦７７４年）閏《うるう》11月24日に85歳で死去した。２０２３年は良弁僧正の没後１２５０年の節目にあたる。東大寺から「東大寺開山良弁僧正１２５０年御遠忌慶讃」記念行事の一環として奉納公演のオファーをいただいたときには、畏れ多いお話に「果たして我々にその大役が務まるのか」と躊躇したのだが、「ぜひに」と猛烈なアピールをいただき、思い切ってお引き受けすることに決めた。

お引き受けしたからには、振り切ってド・クラシックで行くことにした。

当日演奏したのは以下の２曲。

▼ショパン「アンダンテ・スピアナートと華麗なる大ポロネーズ」
▼ブラームス「交響曲第1番　ハ短調　作品68」

これまで僕は音楽家として、モーツァルトやバッハ、ハイドンやベートーヴェンの曲に挑戦してきた。２０２３年のジャパン・ナショナル・オーケストラの全国ツアーでは、マーラーの交響曲第1番「巨人」に挑んだが、このときは室内アンサンブルだった。西洋音楽の歴史では、「古典派」に続いて19世紀初頭から20世紀初頭にかけてブラームスやブルックナー、ヴェルディらが展開した音楽が「ロマン派」と称される。自分の来し方を思い返してみると、実はロマン派の長篇作品を、大人数で正式に演奏したことがなかった。「ならばこの機会に、フル編成でロマン派のザ・シンフォニーに本気で取り組んでみよう」と決めた。そして奉納公演へ向けて勉強を始めたのだ。

ブラームスの交響曲第1番を選んだ理由

2曲のうちの1曲、ショパンの「ポロネーズ」は、いつも僕のコンサートに足を運んでくださるお客様にとってはお馴染みの曲だ（もう百回は弾いたであろう）。

一方、ブラームスの交響曲第1番は、僕にとって今回が未知の新しい挑戦だった。この曲の冒頭では、壮麗な大音響のオーケストラとともにティンパニが同じテンポでドーン、ドーン、ドーン、ドーンと拍を刻む。東大寺の大仏殿で華厳経が読経されるとき、僧侶は手元の鐘をリーンと鳴らす。毎晩午後8時には、重さ26・3トンの梵鐘（大型の鐘）がゴーンと打ち鳴らされるのが東大寺の習わしだ。

元旦の午前0時には、他の寺院と同様に東大寺でも除夜の鐘がゴーン、ゴーンと繰り返し打ち鳴らされる。宗派によっては、読経・唱題のときに木魚をポン、ポン、ポン、ポンと一定のリズムで叩く寺院もある。

半ば無理やりなこじつけではあるものの、ブラームスの交響曲第1番の冒頭のドーン、ドーン、ドーン、ドーンというリズムは、何か通じるものがあるのではないかと思った。敢えてこの曲を東大寺という特別なシチュエーションで演奏することによって、和洋が融合した音楽世界を生み出せる気がしたのだ。

奉納公演を開催するにあたって、オーケストラのメンバーと一緒に大仏殿の隅々まで細かく見学させていただきながら、東大寺の歴史について説明を受けた。「本当に我々でいいのだろうか」との再びの思いと、だからこそ背筋がスッと伸びるような緊張感に自然と包まれていく。

奉納公演は、リハーサルの段階から何にも代えられない貴重な経験となった。目線を上げると、大仏様が僕とオーケストラのメンバーを見下ろしている。「今日はどんな演奏を聴かせてくれるのか」と問いかけられているような心持ちになりながら、真剣にリハーサルに臨んだ。

初対面の「レンタル楽器」を弾きこなす技術

東大寺大仏殿での奉納公演は、普段僕たちが臨む演奏会とはだいぶ環境や条件が異なった。秋の寒い夜に野外で外気にさらされ、さらに万が一、雨になる可能性も考慮する必要がある。そこでピアノもジャパン・ナショナル・オーケストラのメンバーが使う楽器も、レンタル楽器を貸し出していただくことにした。この点も、オーケストラのメンバーにとってはハードルが高かったと思う。

全国ツアーを回るだけでなく、世界中でコンサートを開くピアニストは、自分のピアノを持ち運ぶわけにはいかない（不可能ではないが、それをやったら莫大な経費がかかる）。だから僕たちピアニストは、コンサートのたびに現地のピアノを弾く。

調律師がピアノのメンテナンスをしてくれて状態が整っているはずであっても、ピアノによって演奏家との相性は異なる。ベテランの名演奏家に長年弾きこなされ、いぶし銀のように仕上がっているピアノもある。中にはちょっと気難しくて、とっつきにくい性格のピアノもある。僕たちピアニストは楽器と語り合うように、コンサート会場で出会ったピアノを毎回弾きこなしていく。

僕は弦楽器の奏者ではないので、もちろん感覚的なことまでは正確にはわからないが、ヴァイオリンやヴィオラやチェロやコントラバスにも、それぞれの楽器の個性があるそうだ。楽器の指板《しばん》（弦が張られる部分の黒い板）は、幅や距離や太さがミリ単位でわずかに異なっている。当然、音程を押さえる指の位置も微妙にズレてくる。馬の尻尾の毛で作られている弓も、張り具合や重さ、しなやかさに違いがある。弓と楽器の相性もある。

ジャパン・ナショナル・オーケストラのメンバーにとっては、レンタル楽器で演奏するのは、普段左手に時計をつけている人が右手につけ替えるような違和感があったかもしれない。慣れ親しんだ自分の楽器で演奏できない環境下で、メンバーはレンタル楽器にアジャストしていった。

全身から湯気が舞い上がった瞬間

奉納公演当日が近づいてくるにつれて、天気予報を眺めながらやきもきした。大仏殿の前庭でコンサートを聴くお客様の頭上には、雨風を遮るドームや幌《ほろ》がない。もし荒天になれば、雨に濡れながらコンサートに臨むことになる。「なんとか保《も》ってくれ……」と祈る日々が続いた。

幸い週間天気予報では「2023年10月14日は雨は降らないだろう」という予報だった。「よし、イケる」と笑顔であったが、次第に雲行きが怪しくなってきた。本番2日前あたりから、予報が大きく変わり始めたのだ。

実は僕は雨男だ。大切なコンサートの当日に雨になり、お客様の足元を濡らしてしまうことも少なくない。それでも通常ならコンサートホールの中に入ってしまえば心配ないが、今回の演奏場所は野外だ。「まいったなあ……」と頭を抱えながらも、万が一に備えてポンチョを事前に準備し、来場者全員に無料でお配りすることになった。

果たして奉納公演本番では、見事に雨が降ってしまった。しかも楽章が進むにしたがって、どんどん雨足が激しくなる。雨が降るにしても、あそこまで激しく降るとはさすがに予想しなかった。

指揮とピアノ演奏を務める僕、そしてオーケストラのメンバーが上がるステージの頭上には、臨時でしつらえたテントが張ってあった。あまりに雨足が強すぎるため、頭の真上で常に「トコトコトコトコ……」と太鼓が鳴っているような状態だった。

だが、もちろん僕たちはプロだ。一度曲がスタートしてしまえば、そこから先は自然界の雑音を捨象して演奏だけに集中する。それでも、雨音がまったく耳に入ってこないわけではない。

僕は指揮者として真ん中に立っているので、オーケストラ全体の音がくまなく耳に入ってくる。しかし、僕を挟んで対面に位置しているコンサートマスターとセカンド・ヴァイオリンは、ジシャーッ！　という激しい雨音に、お互いの楽器の音が聴きづらい場面もあったようだ。

そんなコンディションの中で、僕の指揮棒の動きに集中しながら阿吽《あうん》の呼吸で「ここだ！」と音を合わせた。

奉納公演は午後7時過ぎから始まった。10月中旬の外気は寒く、口からは白い息が吹き出る。全身の筋肉をフル稼働させ、クライマックスに向けて体は熱を帯びてどんどん火照ってくる。終わったときには、五体から湯気が沸き立っていた。妙な気をまとっているように見えたらしく、あとでオーケストラのメンバーやスタッフから「オーラが実際に見えていましたよ」と笑われた。

2000名近く集まった来場者にとっても、あの日は一生忘れ得ぬ音楽体験になったのではないかと思う。世界遺産・東大寺にとって大切な節目である日に、屋内のコンサートホールではなく敢えて野外で演奏を聴く。大雨が降り注ぐ中、最後の一音まで真剣に聴ききる。指揮者を務めた僕、オーケストラのメンバー、そして観客の一人ひとりが同志としてコンサートを戦いきったような心持ちだった。

野外コンサートの愉しみ

クラシックの野外コンサートは、日本で暮らす人にとってはほとんど馴染みがないと思う。だが海外では野外コンサートは全然珍しくない。

たとえばベルリン・フィルハーモニー管弦楽団は毎年初夏の時期に野外音楽堂「ヴァルトビューネ」で2万人規模の野外コンサートを開いている。ニューヨーク・フィルハーモニックは、マンハッタンの真ん中にある広大なセントラルパークで毎年コンサートを開いてきた。しかもこちらは入場無料だ。アメリカでもヨーロッパ諸国でも、大規模な音楽祭はだいたい野外で開かれる。日本人がスタジアムやアリーナでフェスを開くような感覚だ。

時代とともに変わりつつあるが、それでも日本人はこだわりがすごく強いので、「こういう見え方でなければいけない」とか「音響の条件はここまで整える必要がある」と、条件をとても厳しく設定してしまう。アメリカやヨーロッパのクラシック演奏家やイベンターにはいい意味でラフな柔軟さがあり、「イスさえ置ける場所があれば、その目の前がステージだよね」という感覚だ。だから我々から見ると「えっ、こんな野っ原でクラシックのコンサートを開いちゃうの⁉」とビックリするような環境で音楽祭を開いてしまう。

新潟県苗場のフジロックフェスティバルや、北海道の石狩市で開かれるライジングサンロックフェスティバルなど、ときに雷雨に見舞われてずぶ濡れになりながら愉しむロックフェスは日本国内でも数多い。キャンプと同じ感覚で、大自然のド真ん中に腰を据えて音楽を愉しむわけだ。

日本でもいずれ、欧米のようなクラシックの野外音楽祭が当たり前になる時代がやってくるだろう。都心の代々木公園でみんながリラックスしながら音楽を聴くのもいい。僕たちが東大寺で行った奉納公演のようなイベントが全国津々浦々で開かれ、おじいちゃんおばあちゃんから小さな子どもまでクラシック音楽に身を浸す。その情景を想像するだけで楽しくなってくる。

1994年9月1日生まれの僕は、この文庫版が出版されるころは、30歳になって間もない若輩者だ。これから20年、30年……と音楽家としてのキャリアを積んだ先の将来、他流試合のように野外フェスティバルに出演する日がやってくるかもしれない。フジロックやサマーソニックにジャパン・ナショナル・オーケストラが乗りこみ、今まで一度もクラシック音楽を聴いたことがない観客に向けて思いきり演奏を披露する……かもしれない。

もしジョン・ウィリアムズや小澤征爾さんのようなマエストロ（指揮者）がフジロ

ックに乗りこめば、誰もが「あっ！」と驚くし、震えるほどカッコいい。僕も一観客として観に行きたいと思うほどだ。

まずはド真ん中のクラシック一本に集中しながら、1ステージ1ステージを全身全霊で成功させる。「えっ、マジ⁉　反田恭平がフェスに来るの？　おもしろそうじゃん」と皆さんに期待してもらえるようになるまで、クラシック業界で10年、20年、30年としっかりキャリアを積んでいきたい。

モーツァルトの葬儀が行われたシュテファン大聖堂の荘厳

2023年は、暮れの12月5日にも夢のようなコンサートが実現した。オーストリア・ウィーンの中心部にあるシュテファン大聖堂で、モーツァルト作曲の「レクイエム」を指揮する機会をいただいたのだ。

1756年1月、モーツァルトはオーストリアのザルツブルクで生まれた。そしてもうすぐ36歳になろうという1791年12月5日、ウィーンで夭折する。あまりにも早すぎる死だった。死の翌日、葬儀はシュテファン大聖堂で行われている。その死を悼み、毎年12月5日にシュテファン大聖堂で追悼コンサートが開かれてきた。

２０２２年の秋、前述のように、僕はウィーンに拠点を移した。ウィーンに音楽を学びに来た者は、誰もがまず最初にシュテファン大聖堂を訪れる。モーツァルトゆかりの地であるこの場所を、友人が真っ先に案内してくれた。

訪れて最初に驚くのは、なんといっても伽藍の巨大さだ。シュテファン大聖堂は高さが１３６・７メートルもある。果たして人間の手だけで、こんな巨大な建築物が造れるものだろうかとひたすら驚く。

大聖堂の内部にはロウソクがたくさん立てられており、オルガンの音色や賛美歌が聞こえてくる。建物の中に入った瞬間、冷たい感じ、ひんやりする感じが肌に伝わってきた。その感覚は決して「ここには長くいたくない」という忌避感ではない。厳《おごそ》かさと心地よい静けさに包まれたシュテファン大聖堂にいると、感覚が鋭敏に研ぎ澄まされてくる。

初めて留学したモスクワにも教会はあったし、ショパンの心臓が埋められているワルシャワの聖十字架教会にも何度も足を運んだ。しかしシュテファン大聖堂は、世界各地で目にしてきた教会とはひと味違う不思議な魅力をまとう空間だ。

まさかその大聖堂で、モーツァルトの追悼コンサートの指揮を振れるとは夢にも思わなかった。「レクイエム」は、晩年死期が迫ったモーツァルトが書き継ぎ、残念ながらも未完に終わった作品だ。命を懸けて作曲に取り組んだ「レクイエム」の世界観と向き合い、追悼コンサートを絶対成功させようと決意した。

指揮の師匠・湯浅勇治先生の逝去

モーツァルトの追悼コンサートが開かれるちょうど1年前の2022年12月17日、僕が指揮を習っていた師匠・湯浅勇治先生（元・ウィーン国立音楽大学准教授）がウィーンで逝去された。重度の糖尿病と戦っていた湯浅先生は、66歳の若さでこの世を去ってしまった。

ピアニストと指揮者の二刀流で活動していくために、僕は湯浅先生の門を叩いて教えを仰いだ。先生は「3年間はオレのもとで勉強しろ」とおっしゃってくださったものだ。約2年半先生から指揮を教えていただいたものの、本当は3年、いや5年は勉強の時間がほしかった。オペラの指揮も勉強したくてたまらなかった。

湯浅先生から最後に教えを受けたのは亡くなる2～3カ月前、2022年の9月に入るころのことだ。先生とは亡くなる3日前にも、電話でお話しした。そのとき僕は日本にいたのだが、日本時間の朝方に先生から電話がかかってきたのだ。おそらく「自分にはもう時間がない」と悟っておられたのだろう。電話口で先生から「こういう曲をやりなさい」「こういう指揮者になってほしい」とたくさんの激励をいただいた。

湯浅先生はとてもストイックに音楽を追究されるタイプであり、自分にとても厳しい人だった。最後の電話では、湯浅先生が「らしくない」ことをたくさんおっしゃった。厳父のように慈母のように、僕を優しく包みこむようにあらゆる角度から全魂の指導を打ちこんでくださった。僕は先生の言葉を一言一句漏らさず受け止め、命に刻んだ。

師匠を喪《うしな》った今も、僕は師匠との心の対話を続けている。指揮棒を振っている自分の姿を鏡で見ながら、「湯浅先生だったらこう言いそうだな」と先生との対話を続け、指揮のやり方を修正してブラッシュアップしていくのだ。

「人は死して死なず」だと思う。お元気だったころの先生の言葉を頭の中でリフレインし、心の中で先生と対話しながら永遠に学び続ける。僕はこれからも湯浅先生と心の対話を続けながら、指揮者としての道を追究していく。

そう心に秘めている僕にとって、シュテファン大聖堂でモーツァルトの「レクイエム」を指揮する経験は、格別の深い意味合いをもった。

ドイツ語式ラテン語なのか、イタリア語式ラテン語なのか

シュテファン大聖堂でのモーツァルト追悼コンサートは、幾重にもハードルが高い一大イベントだった。ジャパン・ナショナル・オーケストラの指揮を執るときは、第一言語である日本語でコミュニケーションが取れる。海外のオーケストラでは日本語なんて通じないから、第二言語である英語で指示を出さなければならない。

今回の追悼コンサートは、オーケストラに加えて合唱団の指揮も執らなければならなかった。日本からはるばる参加してくださった方もいれば、ウィーンで募ったメンバーもいる。プロ（ウィーン国立歌劇場合唱団）とセミプロ、アマチュアが混ざった約120名の混声合唱団をまとめ上げ、合唱を完成させなければならなかった。

「レクイエム」の合唱部分の歌詞はラテン語で書かれている。そもそも僕はラテン語を知らないため、ラテン語の歌詞を勉強して解釈していくところから作業を始めなければならなかった。

教則本をたくさん読み比べてみると、ラテン語の発音に大きな違いがあることに気づいた。イギリス英語とアメリカ英語、オーストラリアで話されている英語の発音がだいぶ違うのと同じように、ドイツ語式ラテン語、イタリア語式ラテン語もあれば、オーストリアで使われているラテン語の発音もあるのだ。

たとえば母音を「ｏ」と読むか「ａ」と読むかが異なり、カタカナ表記で表現すれば「コム」と「カム」の違いがあったりする。意味は一緒なのだが、アクセントの位置が違ったり、ブレスの仕方や巻き舌加減が変わってくるのだ。

モーツァルトが「レクイエム」の作曲に取り組んでいた1791年、果たしてウィーンではどの発音のラテン語が使われていたのだろう。一人で文献にあたってもまったく答えが出ない。そこで大変お世話になっている東京藝術大学の先生に相談したところ、有益な情報を教えてくださった。

モーツァルトが「レクイエム」を書いた当時、宮廷楽長を務めていたアントニオ・

サリエリはイタリア語の話者だった。したがって、当時のウィーンではイタリア語式ラテン語が使われていた説が濃厚だということがわかった。諸説あり、ドイツ語式でも歌われているが、今回はイタリア語式ラテン語で合唱を進めようと決めた。

その方針を決めるまで、僕はずっとドイツ語式ラテン語を勉強していた。すでにドイツ語式ラテン語で合唱を指揮する準備がだいぶ進んでいたものの、イタリア語式ラテン語でいくと決めてからは、潔くイチから作業をやり直した。

リハーサルで漂った険悪な空気

リハーサルがすべて。できることのすべてを脳にたたき込んで臨んだ。ところがいざリハーサルが始まってみると、どうも雰囲気が怪しげなのだ。

どうやら、歴代の指揮者やオーケストラは僕ほどガチンコで真剣に取り組んではこなかったらしい。今思えば、中には「町の一つの催し物だよね」というくらいの感覚で集まったメンバーもいたかもしれない。その一方で、ウィーンの有名オーケストラのメンバーも来ていた。

ともあれ、リハーサルでは一切の妥協を許さず細かく指示をして修正していった。コンサート当日のゲネプロ（本番と同じくやる通しリハーサル）のとき、とある一人の団員からとても冷たい視線で見られたことを覚えている。あまりに細かくリハーサルをやりすぎたため、「いつまでやるんだ」とブーイングが噴出したのだ。

本番は深夜12時からのスタートだった。ゲネプロは午後8時ごろからスタートした。ピアニストは何時間でも練習できるが、喉を酷使する声楽家はせいぜい1時間で練習を切り上げなければならない。ファゴットやオーボエといったリード楽器は唇が命だから、長くやったとしても2時間か3時間で練習を切り上げたがる。「唇が疲れる」とか「リードが駄目になる」と文句を言われても、演奏が及第点に達していないから練習をやり直すのであって、「君たちはこんな状態でお客さんの前に立つのか」という話だ。

リハーサル中、あるメンバーがドイツ語でボソボソ何か言っている。僕はそのドイツ語はわからないが、オーケストラのほかのメンバーはその人が何を言っているのか理解しているようだ。「Sorry, what?」（わからない、何？）と声をかけ、一瞬険悪な空気が漂った。ただ、僕も意見は聞きたかったので、さらに二度質問した。「何か言いたいことがあったら教えてください」と。結局そのメンバーは英語でクレームを言い直すことなく、むしろ「ぐちを言って悪かったわ」とあやまられた。

シュテファン大聖堂で指揮棒を振ったモーツァルトの「レクイエム」

午前0時から始まったシュテファン大聖堂での「レクイエム」は、熱狂的な情熱を帯びた迫力のあるコンサートとなった。リハーサルのときは弱気な演奏を見せていたティンパニやファゴットのメンバーも、本番になったらスイッチが切り替わって見違えるようなパフォーマンスを披露してくれたものだ。お客さんもとても感動していたし、日本からはるばる参加した合唱団のメンバーも感極まって号泣していた。

この日のオーケストラには、ウィーン国立歌劇場で活動するソリストも参加していた。ウィーン国立歌劇場といえば、2002年から2010年まで小澤征爾さんが音楽監督を務めていた劇場だ。そこで活動する超一級の音楽家は、本来ならば若輩者の僕が指揮者を務められるような相手ではない。その超一級の音楽家が、演奏会が終わったあと僕の楽屋を訪ねてくれた。

「あなたのレクイエム観と人生観がすごく伝わってきた。一緒に歌えて光栄だった。またどこかでぜひ一緒にやりたい」

また、今回は男性の応募が少なかったので、ウィーン国立歌劇場合唱団のテノールとバス約20名強に入ってもらった。要するに、日々ウィーン・フィルと歌っている方々だ。そうした演奏家から、口々に喜びの声をかけていただけたのはとてもうれしかった。「自分の音楽、自分の指揮がヨーロッパでも通ずるんだな」と実感できた瞬間だった。

思い返せばモーツァルトの「レクイエム」は、映画「アマデウス」（84年公開）を観たことをきっかけに大好きになった曲だ。

「宮廷楽長のアントニオ・サリエリがモーツァルトに『レクイエム』の作曲を依頼し、曲が完成してからモーツァルトを毒殺する。その後モーツァルトの葬儀で、未完に終わった『レクイエム』をサリエリが仕上げたという設定にして、名声を上げようとたくらんだ」

そんな筋書きのサスペンス映画（なお、この仮説はフィクションだ）で流れる「レクイエム」は、少年時代の僕に鮮烈な印象を残した。この思い出深い曲の指揮を現地で振れた一日は、忘れがたい貴重な時間であった。

ザルツブルクで実現したオーケストラ指揮者デビュー

明けた2024年5月16日、オーストリアのザルツブルクでさらなる大きな夢がかなった。ザルツブルク・モーツァルテウム管弦楽団の指揮者とピアノソリストを務めることになったのだ。人生で初めて、ヨーロッパで、且つプロのオーケストラの指揮者デビューを果たすことが決まった。

実は指揮者のオファーを受けた当初、僕はてっきり大学付属のアマチュアオーケストラか何かだと勘違いしていた。モーツァルテウム管弦楽団（Mozarteumorchester Salzburg）と聞いた瞬間、国立の芸術大学であるザルツブルク・モーツァルテウム大学（Universität Mozarteum Salzburg）が浮かんだからだ。ところが実際には、モーツァルテウム管弦楽団は1841年、モーツァルトの遺族の支援によって設立された老舗の楽団だった。

当日のプログラムは以下のとおり。

▼ラヴェル「クープランの墓」（管弦楽版）
▼プーランク「ピアノと18の楽器のための舞踊協奏曲《オーバード》」（ピアノ：反田恭平）
▼モーツァルト「歌劇『ドン・ジョヴァンニ』序曲」
▼モーツァルト「ピアノ協奏曲第20番　ニ短調」（ピアノ：反田恭平）

ヨーロッパのオーケストラはそれぞれ楽団のキャラクターがとてもしっかりしており、中には、外部から意見されても己を簡単には曲げない保守的な側面がある。知り合いから事前に「ヨーロッパ、特にオーストリアやドイツで指揮を務めるときは、現地の人から毛嫌いされたり難癖をつけられることがよくある。あまり気にしないでがんばってね」と言われた。高校を卒業してすぐに海外に留学しているので、だいたいの予想はついていた。

そしてリハーサルの初日。指揮者として大きく、大切な一日目が始まった。

気難し屋な音楽家たちの心をわしづかみにした瞬間

ウィーンでモーツァルトの「レクイエム」を指揮したときと同様、モーツァルテウム管弦楽団とのリハーサルは、無論全部英語で行った。

前回の教訓に照らせば、スパルタ式で長時間練習ばかりしすぎるとメンバーの不興を買ってしまう。そこでときどきジョークを差し挟みながら、楽団のみんなが疲れないよう気を配った。一人でも多くのメンバーに声をかけたものだ。

初日のリハーサルが5時間くらい経ったころだったろうか。時差の影響もあり、「そろそろ疲れてきたな」と感じつつ指揮棒を振りながら、「Need more space here.」（ここはもうちょっと空間がほしいね）と言おうと思った。ところが疲労が募っているため、思考と口の動きがうまく一致しない。

前日にザルツブルクに着いてから、まず目に入ってきたのが「ここは本当に『サウンド・オブ・ミュージック』で見ていた所だ！」という第一印象だった。映画「サウンド・オブ・ミュージック」（１９６５年公開）でザルツブルクを舞台に繰り広げられる映像世界は、山々と自然があまりにも美しい。美しい山で登場人物が愉しげに歌い舞う様子が、パッと頭に思い浮かんだ。

山があまりにも印象的すぎたため、そしてAB型の特徴である（僕だけかも）喋りながら他のことを考えてしまうクセのせいで、つい「I need more space mountain.」とポロッと口が滑ってしまった。「space」まで言ったとき「あ、mountainまで出ちゃうわ」とわかったが、もういいか、と言い切ってしまったのだ。すると楽団の中で一番怖くて堅い印象を放っていたメンバーが、眉をひそめて怪訝な表情を浮かべた。そして「Sorry what? Space what?」（すみません。スペースのあと何と言いました？）と逆に質問されてしまった。

一度でも東京ディズニーランドを訪れたことがある人は、誰もがスペース・マウンテン（SPACE MOUNTAIN）というアトラクションを知っている。だがこのアトラクションは、世界各地のディズニーランドのどこにでもあるわけではない。少なくともザルツブルクで暮らす人にはまったく馴染みがない。

「ほれ見ろ、やっちまったなー」と、もう一人の自分の声がささやいたが、「ここはspace（宇宙）を感じてほしい」と言い直してゴマかした。「ああ、そっちのspace？

NASA（アメリカ航空宇宙局）？　空間じゃないんだ。universe（宇宙）ね」と返事が返ってきたので、僕も指揮者としてのゾーンに入っているフリをして且つ、ものすごくシリアスな表情で、「Yes, one more time.」（そう。もう一回やろう）とボケ続けた。

するとそれがメンバーのツボに思った以上にドハマりしたらしく、最初は一部にだけウケていたのがだんだん伝染していって、みんなが「スペース・マウンテンって知ってる？」と話している。そこで「Do you know Disneyland?」と言うと、「Walt Disney World Resort」や「Disney Parks & Resorts」という英語は通じても、「Disneyland」はすんなり通じないのだ。苦し紛れに「Do you know Pinocchio?」（ピノキオは知ってる？）とローヴォイスで言ったら、さらになぜか楽団中（特に弦セクション）に笑いが伝染した。

「もういいや。今日は疲れたからあと一回で終わりにしよう」と言って最後に一回通し稽古をやったところ、オーケストラのサウンドがとても良くなった。時差ボケと疲れの中で飛び出した言い間違いをきっかけに、初日のリハーサルの雰囲気がガラリと変わったのだった。

「スペース・マウンテン」事件を繰り返したら恥ずかしいため、2日目のリハーサルでは「space」を自分の中で禁句にした。だが、予期せぬウケはさらに起きた。「もっと自然を感じてほしい」と伝えるために「Do you know "The Sound of Music"? Do you like it?」（「サウンド・オブ・ミュージック」は知ってる？　この映画は好きかい？）と訊ねたところ「Yes! We like it!!」（もちろん！　超好きに決まってるよ!!）と、ワーッ！　と盛り上がったのだ。ザルツブルクで暮らしている人たちにとって、この話題は完全にツボだったようだ。

喜ぶメンバーから「ちょっと歌ってよ」と言われたので、「Sixteen Going on Seventeen」（もうすぐ17歳）の一節を「You are sixteen, going on seventeen...」と歌った。おなじみのあの曲は皆が知っている。これで大いに座が温まった。

他にも小ボケや笑い話はあるが、また次回にしよう。

人間と人間の触れ合いによって生まれる音楽

結局、3日目のリハーサルも、前2日の例があったため、僕という存在がおもしろかったらしく、無事スムーズに終了した。

言い間違いのアクシデントやジョークをきっかけに、それまで構えていた楽団の空気が一変することはよくある。メンバーの緊張を和らげ、ツーと言えばカーと気心が通じ合う関係性を構築する腕も、指揮者に求められる大切な要件。

たとえば、とあるマエストロは、日本特有のワサビを喩えに使う。日本の楽団に招聘されたときなど、リハーサル時に「みんなは寿司は好きかい？　米とサーモンの間にワサビがあるだろう。ちょっとピリッとするアクセントが、ここにほしいんだよ」と表現するのだ。これなら日本人はもちろん、万国共通で誰もが「ああ、そういうことか」と納得できる。

ともあれ、ジョークや人間性がウケ続けた段階で、もはや僕は無敵の人になっていた。何を言ってもウケてしまうリラックスした状態が楽団内に生まれ、「今日は何を言うの？」と言わんばかりに待っているのだ（笑）。おかげでメンバー全員の気持ちが一つにまとまり、あとは「翌日のコンサートで楽しむだけ」という理想的な形に仕上がった。

大変うれしいことに、本番前日のリハーサル最終日に事務局から呼ばれ、モーツァルテウム管弦楽団での再公演が内定した。コンサートで実際に演奏してみて「良かったよ」と次のオファーをもらうのではなく、本番前の段階で楽団と事務局からすっかり気に入ってもらえたのだ（こんなことはとても珍しい名誉なことなのだ！）。

モーツァルトが生まれたザルツブルクの生家は、すぐ近くにある。その場所でモーツァルトの曲を指揮し、モーツァルトのコンチェルト（ピアノ協奏曲）を弾くのは、音楽家としてこの上ない幸せなこと。そのオーケストラと近未来に再び一緒に仕事ができることが決まったのは、何よりもうれしいご褒美だった。

コンサート当日。ジャパン・ナショナル・オーケストラの冬ツアーでも度々経験を積んだこのプログラム。前日は興奮してあまり寝つけなかったが、ザルツブルクにいる友人たちが聴きに来てくれるし、応援しに駆けつけてくれている。心から楽しんで、オーケストラを信じ、集中するだけ。

満席の会場からは期待の拍手。指揮台から見えるオケメンバーの温かいまなざし。〝きっと成功する〟の文字が頭に浮かび、深呼吸をした。そして手から音が鳴り始め、気がついたら一曲目が終わっていた。

二曲目は19人で演奏する作品であるが故に、大きく広いステージに空間ができる。他のメンバーは楽屋で「休憩」。かと思いきや、驚くことに客席に全員座っていた。

「前2列はあえてステージとお客さんの距離を空けている」と勝手に思っていたので、空いている関係者席に、演奏を聴くために全員が揃って座ってくれている優しさや期待感にさらに勇気をもらった。

休憩後、「序曲」を振り、そのまま「ピアノ協奏曲第20番」へ。小さな頃から大好きであこがれていた場所での本場のオーケストラとの共演は、もしかするとコンクールで味わった幸福感に近しいものがあったのかもしれない。

未来を想い、より一層演奏家として、指揮者として、次のステージへ昇りたいと感じた。

オケの皆と音を一つにまとめ、アイコンタクトでも会話し、音で対話する。すべてが最高で理想のモーツァルトがそこにはあった。

ニ短調からニ長調の歓喜へと変わる。最後の音には、どこか「終わってほしくない」といった良いためらい、エネルギーが詰まっていた。

スタンディングオベーションで万雷の拍手。

音楽ってこれだから、言葉では表せない魔法があるから、やめられない。

終演後、たくさんのメンバーが楽屋に来てくれて、互いに思いを伝えあった。

〝あなたは魔法使いだ〟〝また一緒にステージへ出たい〟〝今度は私と共演して！〟

数えきれないほどの感謝を僕も伝えた。

また一緒に弾ける日まで。強い約束をそれぞれと交わした。

そう、大成功だった。

◉文庫版　おわりに

何歳になっても「やっとスタートラインに立てた」と言ってしまう

２０１５年にＣＤを発売して以来、２０２５年でデビュー10周年を迎える。サントリーホールでリサイタルデビューを果たした２０１６年１月23日から10周年の節目も近い。

昔は記念日や節目を大事にするタイプだったが、最近では周年の節目を気にしてもいられなくなってきた。ピアニストに指揮者、二つの会社を率いる社長、そして妻・小林愛実との間に生まれた子どもの父親にもなり、猫の手も借りたいほど毎日が目まぐるしい。

それにこれから長く続く音楽家人生から見れば、10年の節目はただの通過点だ。今までの僕の人生は「やっとスタートラインに立てたな」の連続だった。

発表会がうまくいった。日本国内のコンクールで1位を取った。国際コンクールに挑戦して結果を出した。指揮者として初めて仕事のオファーが来た。そのたびごとに「やっとスタートラインに立てたな」と満足感に包まれる。ただしその満足感はいくらも長続きせず、次の瞬間には「ここからだ」というハングリーな渇望感へと変質する。

周囲の人から褒めそやされようが、増長していい気にならない。どこまで行っても永遠に満足せず、探求者として山の頂を目指して登攀《とうはん》を続ける。たとえK2の登頂に成功しようが、エベレストを制覇しようが、そんなことでは満足しない。僕はそんな貪欲な人間でありたい。ときに振り返る時間も大事だが。

2024年9月1日、僕は20代を卒業して30歳になった。これから40歳になろうが50歳になろうが60歳になろうが「やっとスタートラインに立てたな」「ここからが勝負だよね」と言っているだろう。

芸術家としての道のりは険しく長い。音楽家としての人生はとば口に立ったばかりである。終止符のない人生は、まだ始まったばかりなのだ。

本書は2022年7月に出版した単行本『終止符のない人生』を加筆・修正し、文庫版 新章を新たに書き下ろして文庫化しました。

単行本に続いて素晴らしい装丁に仕上げてくださった戸倉巌さん、今の僕を写してくださった上野裕二さん、構成を手がけてくださった荒井香織さん、マネジメントを担当してくれている蛯原若枝さん、そして幻冬舎の見城徹社長ならびに担当編集者の木原いづみさんに深く感謝申し上げます。

そして、今日この本を手に取ってくださった皆様。

いつも応援し、支えてくださっている皆様。

音楽はとても素晴らしい芸術です。

何にも代えられない天才たちの遺産です。

音に頼り、身を任せているあの瞬間は――。

またコンサートホールでお会いしましょう。

ありがとうございます。

2024年9月1日　　反田恭平

Author
反田恭平

Designer
トサカデザイン（戸倉 巌、小酒保子）

Book Writer
荒井香織

Planning Cooperation
蛯原若枝（株式会社NEXUS）

Editor
木原いづみ（幻冬舎）

Special Thanks
カワイ表参道
Solistiadeメンバーのみなさん

この作品は二〇二二年七月小社より刊行されたものを
加筆・修正し、書き下ろしを加えたものです。

幻冬舎文庫

●好評既刊
無明
警視庁強行犯係・樋口顕
今野　敏

所轄が自殺と断定した事件を本部捜査一課・樋口は再び捜査。すると所轄からは猛反発を受け、本部の上司からは激しく叱責されてしまう……。組織の狭間で刑事が己の正義を貫く傑作警察小説。

●好評既刊
怖ガラセ屋サン
澤村伊智

誰かを怖がらせて欲しい。戦慄させ、息の根を止めて欲しい。――そんな願いを叶えてくれる不思議な存在「怖ガラセ屋サン」が、あの手この手で、恐怖をナメた者たちを闇に引きずり込む！

●好評既刊
霧をはらう（上）（下）
雫井脩介

小児病棟で起きた点滴殺傷事件。物証がないまま逮捕されたのは、入院中の娘を懸命に看病していた母親だった。若手弁護士は無実を証明できるのか。感動と衝撃の結末に震える法廷サスペンス。

●好評既刊
グレートベイビー
新野剛志

美しきDJ鞠家は、自分の男根を切り落とした男に再会する。女を装いSEXに誘い復讐を果たすが――。今夜も〝グレートベイビー〟が渋谷を焼き尽くす。それは新世界の創造か、醜き世界の終焉か。

●好評既刊
もどかしいほど静かなオルゴール店
瀧羽麻子

誰もが、心震わす記憶をしまい込んでいる。音楽が〝その扉〟を開ける奇跡の瞬間を、あなたは7度、この小説で見ることになる！「お客様の心の曲」が聞こえる不思議な店主が起こす、感動の物語。

幻冬舎文庫

●好評既刊
太陽の小箱
中條てい

「弟がどこで死んだか知りたいんです」。〝念力研究所〟の貼り紙に誘われ商店街事務所にやってきた少年・カオル。そこにいた中年男・オショさん、不登校少女・イオと真実を探す旅に。

●好評既刊
作家刑事毒島の嘲笑
中山七里

右翼系雑誌を扱う出版社が放火された。思想犯のテロと見て現場に急行した公安の淡海は、作家兼業の刑事・毒島と事件を追うことに。テロは防げるのか？　毒舌刑事が社会の闇を斬るミステリー。

●好評既刊
神奈川県警「ヲタク」担当　細川春菜7
哀愁のウルトラセブン
鳴神響一

特撮番組の特技監督がカメラクレーンのアームで殺された事件の手がかりは、いずれもウルトラセブンに関連。特撮ヲタクの捜査協力員への面談を重ねる細川春菜が突き止めた意外な犯人像とは？

●好評既刊
メガバンク無限戦争
頭取・二瓶正平
波多野　聖

真面目さと優しさを武器に、専務にまで上り詰めた二瓶正平。だが突如、頭取に告げられたのは、無期限の休職処分だった。意気消沈した二瓶だったが……。「メガバンク」シリーズ最終巻！

●好評既刊
ママはきみを殺したかもしれない
樋口美沙緒

手にかけたはずの息子が、目の前に――。今度こそ、私は絶対に〝いいママ〟になる。あの日仕事を選んでしまった後悔、報われない愛、亡き母の呪縛。「母と子」を描く、息もつかせぬ衝撃作。

幻冬舎文庫

●好評既刊
考えごとしたい旅
フィンランドとシナモンロール
益田ミリ

暮らすとしたらどの家に住みたいかを想像しながら散歩したり、色々なカフェを訪れて名物のシナモンロールを食べ比べしたり。食べて、歩いて、考えるフィンランド一人旅を綴ったエッセイ。

●好評既刊
降格刑事
松嶋智左

元警視の司馬礼二は、不祥事で出世株から転落したダメ刑事。ある日、新米刑事の犬川椋と女子大生失踪案件を追うことになるが、彼女はある秘密を抱えていたようで——。傑作警察ミステリー。

●好評既刊
残照の頂
続・山女日記
湊　かなえ

「ここは、再生の場所——」。日々の思いを嚙み締めながら、一歩一歩山を登る女たち。山頂から見える景色は過去を肯定し、これから行くべき道を教えてくれる。山々を舞台にした、感動連作。

●好評既刊
罪の境界
薬丸　岳

フリーライターの溝口は、無差別通り魔事件の加害者に事件のノンフィクションを出したいと持ちかける。彼からの出版条件はただ一つ。自分を捨てた母親を捜し出すことだった。

●好評既刊
わかる直前
どくだみちゃんとふしばな10
吉本ばなな

耳に気持ちのいい会話が聞こえる時間こそ、心の養分。白シャツにおしっこをされても幸せだった、新しい子犬を迎えた日。日常に潜む疑問や喜びを再発見する大人気エッセイシリーズ第10弾。

終止符《しゅうしふ》のない人生《じんせい》

反田恭平《そりたきょうへい》

令和6年11月10日　初版発行

発行人――石原正康
編集人――高部真人
発行所――株式会社幻冬舎
〒151-0051東京都渋谷区千駄ケ谷4-9-7
電話　03(5411)6222(営業)
03(5411)6211(編集)
公式HP　https://www.gentosha.co.jp/
印刷・製本―TOPPANクロレ株式会社
装丁者――高橋雅之
検印廃止

幻冬舎文庫

ISBN978-4-344-43426-4　C0195　そ-2-1